FREIZEITFÜHRER
einfach mehr Leben.

AUSFLÜGE MIT GENUSS

Taunus • Wetterau • Kinzig

pmv

1. Auflage Frankfurt am Main 2007
PETER MEYER VERLAG

AUSFLIEGEN – GEWUSST WIE UND WO

»Nein, nicht schon wieder in den Wald«, ruft der Nachwuchs, wenn wochenends ein Ausflug droht: »Ich geh' nicht mit!« Wie viel reizvoller sind doch Videospiel, Fernseher und Hausaufgaben. Der Weg ist das Ziel? Nicht für Kinder und Teenager. Burg oder Bad am Ende locken mehr – erst recht, wenn's dazu noch Limo, Eis und Pommes gibt. Gut für die Eltern, denen ein Ausflug mit Rast bei sauer Gespritztem oder Hefeweizen auch mehr Spaß macht. Und so zieht es auch sportive Radler, Wanderer und Spaziergänger, die gerade keine Kinder parat haben, in Biergärten und Ausflugslokale, um Ausflüge und Genuss zu verbinden.

Sie alle finden nun Rat in den neuen pmv-Freizeitführern: »Ausflüge mit Genuss« verheißen die drei Bände zwischen Rhein, Odenwald und Wetterau – und ein vielköpfiges Team aus Kennern der Region war beteiligt, um das Versprechen einzulösen. Lokalredakteure der Frankfurter Rundschau und die Experten des Peter Meyer Verlags (pmv) haben sich zusammengetan, um die besten Ausflugslokale in Frankfurt und der Region auszuwählen, sie zu testen und pas-

Das FR-Team: Anja Kirig, Alexander Kraft, Volker Trunk, Boris Halva, Cornelia Färber, Christine Vaternahm, Jutta Maier und – vorne in der Mitte – Fotograf Rolf K. Wegst

send dazu Rad- und Wandertouren und andere Ausflugstipps vorzustellen.
So sind hier nun detaillierte Beschreibungen der Ausflugslokale vom Klassiker bis zum (bisherigen) Geheimtipp versammelt. Sie erwähnen »wirklich kleine Preise« und kulinarische Schmankerln ebenso wie »sehr gepflegte Toiletten« – und sagen auch, wo größere Familien- oder Gruppenfeiern möglich oder Kinder besonders gern gesehen sind. Den ein oder anderen kleineren Rüffel gibt es auch, wirklich angegangen wird aber niemand in den ausgewählten Lokalen. Denn ungastliche Stätten mit größeren Kritikpunkten wurden gnadenlos ausgesiebt.

Sieben Autorinnen und Autoren sowie Fotograf Rolf K. Wegst, allesamt seit Jahren für die Frankfurter Rundschau in ihren Lokalgebieten unterwegs, stellen die Gaststätten vor. Edle Lokale mit Garnelen und Bauernenten sind ebenso darunter wie rustikale mit Spundekäs oder kiloschweren Haxen, und auch Vegetarier wurden nicht vergessen. Die Spanne reicht von alten Mühlen bis zu Schlössern und Klöstern,

Das Verlags-Team: Annette Sievers, Daniela Grosche, Peter Meyer und Caroline Rothauge haben sich für pmv mächtig ins Zeug gelegt

von Bergrestaurants bis zum »Paradies auf der Insel«. Manche Lokale sind nur zu Fuß erreichbar, bei den anderen sind Rad und Wandern empfohlen, aber die Anfahrtswege mit öffentlichen Verkehrsmitteln und dem Auto sind ebenfalls aufgeführt, damit wirklich alle in den Genuss eines Ausflugs kommen.

Die Beschreibungen der Ausflugslokale sind zunächst als Serie der Frankfurter Rundschau erschienen. Für die Veröffentlichung im Peter Meyer Verlag wurden sie jetzt komplett überarbeitet und aktualisiert. Dazu gibt's jeweils Touren- und Ausflugtipps mit Piktogrammen und Karten in bewährter pmv-Qualität – für seine Reise- und Freizeitführer wurde der ökologisch orientierte Verlag bereits mehrfach von der Internationalen Reisefachmesse ITB (Berlin) ausgezeichnet.

Die neuen Führer »**Ausflüge mit Genuss**« sind in drei handliche Bände aufgeteilt; so finden alle Ausflügler das für sie passend zugeschnittene Gebiet von den Weinregionen *Rheingau und Rheinhessen* über *Taunus, Wetterau und Kinzigtal* bis zur Region *Zwischen Rhein, Main und Odenwald.* Eine Gefahr droht dennoch: Wer ein paar der Lokal- und Ausflugstipps eines Bandes genossen hat, könnte bald im Laden stehen, um den nächsten auch zu erwerben.

Zunächst aber mögen alle Leserinnen und Leser dieses Buchs viele genussvolle Ausflüge erleben. Damit sie wie die Besucher eines Lokals ins Gästebuch schreiben: »Schönes Essen, schönes Lokal, schöne Lage – wir kommen wieder!« Vielleicht stimmt künftig auch der Nachwuchs in den Lobpreis des Ausflugs ein.

Stefan Kuhn
FR-Redaktion Rhein-Main & Hessen

Post bitte an:
Peter Meyer Verlag
– Ausflüge mit Genuss –
Schopenhauerstraße 11
60316 Frankfurt a.M.
info@PeterMeyerVerlag.de
www.PeterMeyerVerlag.de

RADELN AM FLUSS

Radtour zum »Dom der Wetterau«

Länge: 31 km. **Strecke:** Bad Vilbel-Süd – 2,4 km – Bad Vilbel-Burg – 5,2 km – Gronau – 5,7 km – Jukuz Karben – 7,8 km – Ilbenstadt – 4 km – Assenheim – 6 km – Nieder-Wöllstadt. **Anfahrt:** S6 bis Bhf Bad Vilbel-Süd. **Rückfahrt:** Vom Bhf Assenheim an der RB-Strecke Friedberg – Hanau oder Nieder-Wöllstadt an der Strecke Friedberg – Frankfurt.

▶ Die Tour beginnt am **Bahnhof Bad Vilbel-Süd.** Zunächst fahren Sie – entgegen der Zielrichtung – rechts 500 m durch den ruhigen **Berkersheimer Weg** und rechts durch die schmale Bahnunterführung. Nach Umkurven der Kläranlage biegen Sie rechts auf den Fahrweg ab, der Sie südlich der Nidda zu einem Brückchen aufs Nordufer bringt (vor der Bahnbrücke). Von da an radeln Sie gemütlich am Kurpark entlang flussaufwärts, stets dem **Nidda-Radweg** folgend. Bald sehen Sie rechts den historischen Marktplatz der Kurstadt und nur 200 m weiter links die Ruine der Bad Vilbeler Burg, die von einem breiten Wassergraben umgeben ist. Danach geht es ein längeres Stück mehr oder weniger dicht an den Gebäuden und Anlagen von *Hassia Sprudel* vorbei. Kurz nachdem Sie die Büdinger Straße unterfahren haben, ist rechts auf dem gegenüberliegenden Ufer der *Dottenfelder Hof* zu sehen – ein großer Biohof. Knapp vor Dortelweil wechseln Sie auf die andere Uferseite, umkurven ein Sportgelände mit Spielplatz und kehren wieder an die Nidda zurück. Bis Gronau bleiben Sie am rechten Ufer, es geht durch große Felder. Direkt vor Gronau steht am linken Ufer der ausgedehnte Komplex des Gronauer Hofes. Am Westrand von **Gronau** vor der Einmündung der Nidder wechselt der Nidda-Radweg wieder auf die westliche Uferseite und bleibt nun ganz lange links des Flüsschens. Ab hier ist er mit dem hessischen Fernradweg **R4** identisch. Vor und hinter Gronau informieren zahlreiche Tafeln über die Niddafische. Sie sind nun mitten in der Wetterau, dem fruchtbaren Land mit den schier endlosen Getreide- und Rübenfeldern.

Beeindruckend: Die Ilbenstädter Klosterkirche bewahrt im Innern ihre Geschichte

Bis **Karben** geht es immer geradeaus, die Nidda gleicht hier einem schmalen Kanal. Eine Ausnahme bildet das renaturierte Niddaknie auf halbem Wege. Am Südrand der Stadt (ehemals Klein-Karben) befindet sich, über eine Brücke erreichbar, ein großes Sportgelände mit einem schönen Spielplatz sowie einem Restaurant. Insgesamt sehen Sie recht wenig von dem Ort, obwohl der Radweg mitten durch Karben führt. Zu allen Jahreszeiten bietet sich das **Hallenfreizeitbad Karben** als angenehme Unterbrechung oder sogar Tourenziel an. An einem Neubaugebiet entlang fahren Sie aus Karben heraus ins Grüne. Diejenigen, die unser empfohlenes Ausflugslokal nicht verpassen möchten, verlassen dort, wo rechts eine Brücke über die Nidda führt, den R4 und biegen stattdessen links ab. Der Weg führt über die Bahnhofs- auf die **Brunnenstraße,** der Sie nach rechts folgen. Nach 300 m liegt auf der linken Seite das *Jugendkulturzentrum Selzerbrunnenhof,* in dem sich das **Bistro Chilly's** befindet. Nach einer Stärkung geht es auf der Brunnenstraße rechts zurück bis zur Kreuzung, wo Sie ganz links in die Mühlgasse einbiegen, die in einem Bogen zurück auf den R4 führt. Sie wechseln wieder einmal auf das rechte Ufer und bleiben auf dieser Niddaseite bis auf Höhe des Nachbarortes **Okarben.**

Hallenfreizeitbad Karben, Am Breul 1, 61184 Karben. ✆ 06039/3030. Mo 6.30 – 22, Mi und Do 8 – 20 Uhr, Mi 10 – 13 Uhr Frauenschwimmen. Sa, So 8 – 19 Uhr, im Sommer bis 20 Uhr. Erw 2,60 €, Kinder und Jugendliche 4 – 18 Jahre 1,30 €.

Der Rest der Tour verläuft dann noch einmal auf der linken Seite – immer durch typische Wetterauer Agrarlandschaft. 3 km nordöstlich von Okarben haben Sie links das ca. 2 km entfernte Wöllstadt im Blick – aus der Entfernung schön anzuschauen. 1,5 km weiter wird es rechts spektakulär. Kaum zu glauben, dass ein kleiner Ort wie **Ilbenstadt** eine derart eindrucksvolle Kirche besitzt. Nicht umsonst wird sie gern **»Dom der Wetterau«** genannt. Sie ist einen Abstecher bergauf wert. Dazu biegen Sie rechts über die Nidda in die **B45** ein, die durch den Ort führt. Nach 200 m führt die **Schlossgasse** steil hinauf durch den unteren Torbau in das ehemalige **Kloster-**

*Der **Dom der Wetterau** ist eine romanische Basilika, die 1123 von Graf Gottfried zu Cappenberg als Teil eines Prämonstratenserklosters gestiftet wurde. 1657 wurde das Kloster zur Abtei erhoben und die Anlage daraufhin durch einen Neubau im barocken Stil umgebaut.*

© Peter Meyer

Kühl und beeindruckend: 9 hohe Arkaden, eine barocke Kanzel, Wandmalereien aus dem 14. Jahrhundert und das Grab des Kirchenstifters im Chor machen die Kirche allein schon sehenswert

gelände der Prämonstratenser (1123 – 1803), das heute dem Bistum Mainz untersteht und für Tagungen und Jugendtreffen genutzt wird. Hauptklientel waren Ritterfamilien, die hier ihre Söhne ausbilden ließen. Das Kloster blieb auch nach der Reformation eine katholische Insel in der evangelischen Wetterau und das bis zur Säkularisierung 1803. Zentrum des Geländes bildet die riesige romanische Basilika (ab 1123) mit gotischen Elementen und barocker Ausstattung. Die Gemeinde sammelt seit Jahren für die fachgerechte Restaurierung ihrer Onymus-Orgel aus dem Jahr 1735.

Tipp: Eine Toilette finden Sie links im Klostergarten.

Klosterschänke, Roger Veith, Hanauer Straße 26, 61194 Ilbenstadt. ✆ 06034/3917. Di – Sa 17 – 24, So und Fei ab 10 Uhr. Hauptgerichte 11 – 15 €. Rustikal eingerichteter, moderner Flachbau.

Restaurant Alt Gronau, Kirchstr. 4a, Gronau, oberhalb des Klosters an der B45. ✆ 06101/32828, Mi – Sa 17 – 24, So 10 – 14, 17 – 24 Uhr. Mit Biergarten unter einer Platane. Für Kinder kleine Schnitzel, Fischstäbchen, Würstchen, für die Eltern große Schnitzel.

Das barocke Ensemble, das die Kirche umgibt, stammt aus den Jahren 1707 – 1715, beherbergt das Jugendwerk St. Gottfried. Hier finden (Musik-) Kurse und Veranstaltungen der Jugendbildung statt (www.jugendwerkstgottfried.de).
Weiter fahren Sie anschließend durch das **obere Torhaus,** dem zweigeschossigen *Gottfriedsbogen* aus der Renaissance, an der Klostermauer entlang bis zur kleinen Eckbastion (gegenüber **Klosterschänke**). Dort fahren Sie links durch die Schultstraße hinab zum **Nonnenhof,** der früher zum Kloster gehörte. Sie umkurven die heutige Staatsdomäne mit Pferdebetrieb und gelangen auf einem Holperweg hinunter zum *Notbach.* Danach schlängelt sich der Waldweg links (Norden) nach **Assenheim** hinauf- und hinunter. Eisenbahnfans können dort das imposante *Stahlviadukt* bestaunen, bevor sie in den Niddaauen wieder auf den **Nidda-Radweg** stoßen. Diesem folgen Sie nun flussabwärts durch einen liebevoll renaturierten Abschnitt und dann über die Felder wieder auf Ilbenstadt zu. 500 m nach der Kreuzung, an der Sie vorhin abgezweigt sind, fahren Sie rechts hinauf nach **Nieder-Wöllstadt** und links hinüber zum **Bahnhof.**

Peter Meyer

Pizza & mehr im Selzerbrunnenhof: Bistro Chilly's

Bistro mit schönem Biergarten. Veranstaltungen mit dem Jugendkulturzentrum (Jukuz) im historischen Selzerbrunnenhof.

Bernd Bedacht, Brunnenstraße 2, 61184 Karben-Groß-Karben. ✆ 06039/939039. www.chillys.de. bernd.bedacht@web.de oder chillys.karben@web.de. **Anfahrt:** S6 Bhf Groß-Karben, 600 m Fußweg zum Jukuz. **Auto:** A661, am Preungesheimer Dreieck auf B3 Richtung Karben, Abfahrt in die Brunnenstraße (Hinweis Dögelmühle). Gegenüber der Kelterei Rapp's. **Rad:** Vom Nidda-Radweg (Fernradweg Nord-Süd) direkte Abfahrt zum Biergarten.

Der 1873 errichtete **Selzerbrunnenhof** ist ein Ausflugslokal mit Tradition. Der Magistrat der Wetterau-Stadt hat 1990 den Hof erworben. Seit einigen Jah-

Schweineschnitzel mit Pommes frites 6,90 €, Pizza ab 3,50 €, Griechischer Salat 6,90 €. Kinder: Pommes frites 1,50 €. Vegetarisch: Gebackener Feta mit Salat 5,50 €.
Wasser 1,50 € (0,2 l), Cola 1,50 € (0,2 l), alkoholfreies Weizenbier 3 € (0,5 l), Pils 2 € (0,3 l), Äppler 1,50 € (0,25 l).

Täglich 18 – 24 Uhr. In der Biergartensaison Mai – Sep So schon ab 14 Uhr.

ren beherbergt das unter Denkmalschutz stehende Anwesen das Karbener *Jugendkulturzentrum (Jukuz)*. In den Räumen finden jugend- und kulturpolitische Gruppen ihren Platz. Das Gelände umfasst 2,3 ha Wald und Wiesen – wie geschaffen für Kinderfeste, Konzerte und Kinoabende unter freiem Himmel. Häufig kooperieren Jukuz und das separat verpachtete Chilly's. Doch auch sonst lohnt ein Besuch des Bistros. Wer an lauen Sommerabenden draußen unter Kastanien sitzen möchte, ist hier richtig. Snacks und kleine Leckereien (Nachos mit Salsa 2,50 €, Knobistange 1,50 €) stehen ebenso auf der Karte wie Jägerschnitzel mit Pommes frites (6,90 €). Der Renner unter den jungen Gäste ist die Pizza, die man sich selbst zusammenstellen kann: Jeder Belag kostet 0,50 €. Die Küche hat bis 22 Uhr offen, danach gibt es Kleinigkeiten zu essen. Seit 2003 ist *Bernd Bedacht* Wirt im Chilly's. »Wir sind kein Jugendcafé«, sagt der 44-Jährige, der zudem einen Party-Service anbietet. Bei Geburtstagsfeiern können Kinder im Bistro selbst Pizza backen: »Jedes Mal ein großer

© Rolf K. Wegst

Treffpunkt: Ob zur Cola oder zum Fußballgucken – im Chilly's treffen sich vor allem junge Leute, aber eben nicht nur

Spaß«, wie der Chef betont. Doch auch wer spontan vorbeikommt – etwa per Rad auf dem benachbarten Nidda-Radweg –, findet hier ein nettes Ambiente, um zu rasten. So gestärkt klappt es dann auch mit dem Heimweg.

Einen Minuspunkt allerdings gibt es für die Internetseite. Da diese sich noch im Aufbau befindet, kann der »Aufmacher« nur besser werden.

Natur mit allen Sinnen erleben

▶ »Natur mit allen Sinnen« verspricht der Besuch im **Rapp's Natur-Erlebnis-Garten,** den die Kelterei zusammen mit der Stadt Karben gegenüber dem Selzerbrunnenhof angelegt hat. Auf 4000 qm gibt es jede Menge zu entdecken. Die Gäste erfahren, wie ein Teichsystem funktioniert, wie man einen Duftkräutergarten anlegt oder welchen Tieren eine Hecke Unterschlupf bietet. Der Erlebnisbereich umfasst zum Beispiel einen geologischen Pfad und einen Apothekergarten. Der Garten ist Mai – Sep So 14 – 17 Uhr geöffnet. Der Eintritt ist kostenlos. Anmeldung zu Führungen im Umweltamt der Stadt Karben, ✆ 06039/ 929739 oder karben-umwelt@web.de.

Volker Trunk

Barfußpfad, Bienenlehrhaus, Biotop und Wiesenpfad: Im Rapp's Natur-Erlebnis-Garten gibt es allerlei zu erfahren

© Rapp's Natur-Erlebnis-Garten

Auf dem Rhein-Main-Kinzig-Radweg zum Kinzigsee

Länge: ca. 16 km. **Anfahrt:** Ab Frankfurt Hbf RE/RB, ab Nidda Hessische Landesbahn. Gelnhausen – Langenselbold. **Auto:** A66 Abfahrt 43 Gelnhausen-West oder Abfahrt 44 Gelnhausen-Ost. **Rad:** Am Rhein-Main-Kinzig-Radweg.

▶ Die gesamte Tour verläuft ab Gelnhausen auf dem überregionalen **Rhein-Main-Kinzig-Radweg R3** über weite Strecken durch die Auwiesen an der *Kinzig*. Das Kinzigtal ist unterschiedlich breit, aber nirgendwo richtig eng, im Norden ist es vom Vogelsberg begrenzt, im Süden vom Spessart. Auf langen Abschnitten schlängelt sich die Kinzig in ihrem natürlichen Bett. Recht häufig sind Altarme zu sehen.

Überaus lohnend ist ein Abstecher in die **Altstadt Gelnhausens**, die am Hang über dem Kinzigtal liegt. Der historische Stadtkern besitzt zwei malerische Marktplätze, wunderschöne Fachwerkhäuser, mittelalterliche Stadttore und Reste der einstigen Stadtmauer. Auf einer Kinziginsel stehen die Ruinen der berühmten Pfalz von Kaiser *Barbarossa*, der die Stadt 1170 gegründet hat, dereinst in der Mitte seines Reiches.

Am **Bahnhof** der Barbarossastadt starten Sie rechts über die Bahnhofstraße, an deren Ende Sie links in Am Ziegelturm abbiegen. Die Straße führt Sie über die Kinzig, danach fahren Sie bei der 2. Möglichkeit links in die Seestraße, auf der der **Rhein-Main-Kinzig-Radweg** verläuft. Zwischen Gelnhausen und Roth radeln Sie an der L3333, bevor der Weg Richtung Süden in die schöne, breite Kinzigaue führt. Zunächst verläuft der Weg nördlich des Flusses. Erst, wenn Sie auf die K904 stoßen, bringt Sie diese auf die andere Seite der A66 und der Kinzig. Durch Felder und Wiesen geht es weiter durch die Aue. Bei der nächsten Kreuzung fahren Sie rechts und wechseln noch einmal das Ufer, bevor es links und auf dieser Seite der Kinzig bleibend weiter geht. Auf dem folgenden Abschnitt bis Langenselbold verläuft der Radweg 2 km

*Der **Rhein-Main-Kinzig-Radweg (R3)** führt von Rüdesheim im Rheingau über 240 km bis Tann in der Rhön und erinnert an den Spätlesereiter: Der Traubenkurier Karl war aus Fulda kommend zu spät mit der bischöflichen Erlaubnis zum Keltern im Rheingau eingetroffen, die Weintrauben schon halb verfault – und die Edelfäule entdeckt. Mehr darüber in ↗ »Ausflüge mit Genuss: Rheingau Rheinhessen«, pmv.*

lang nahe der Autobahn. Auf der Höhe der Stadt führt der R3 auf die L3339, auf der Sie links zum Bahnhof **Langenselbold** gelangen. Folgen Sie dem weiteren Verlauf des R3, bringt er Sie zum **Kinzigsee,** wo das ↗ **Strandbad** mit Abkühlung und die **Villa Aurora** mit einer Stärkung locken.

Tipp: 2009 ist Langenselbold Hessentagsstadt.

Badespaß am Kinzigsee

Eintritt 2,50 €, 10er-Karte 18, Saison 39 €; Kinder 6 – 15 Jahre 1 €, 10er-Karte 8, Saison 18 €; Familien-Saisonkarte 65 €. Dauerkarten gelten für den Kinzigsee und das Freibad, müssen über die Stadtverwaltung erworben werden, ✆ 06184/802-0, -34.

Am Nordostufer des Kinzigsees gibt es ein schönes Strandbad mit Sandstrand und ausgedehnten Liegewiesen, Bolzplatz, Beachvolleyballfeld, zwei Boulebahnen und einem Spielplatz.

Eberhard Schmitt-Burk, Daniela Grosche

Abkühlung: Ob mit oder ohne Radtour ist sie immer willkommen

© Rolf K. Wegst

Bella Italia mit Seeblick: Ristorante Villa Aurora

Franco Capone, Am Kinzigsee, 63505 Langenselbold. ✆ 06184/63132, Fax 938083. **Anfahrt:** Ab Hanau Freiheitsplatz Bus HU54 bis Rathaus, dann 15 Min Fußweg. **Auto:** A66 Ausfahrt 40 Langenselbold, Abfahrt rechts, 1 km dem Schild Kinzigsee folgen. **Rad:** Über den Kinzig-Radweg Schlüchtern – Gelnhausen – Hanau.

▶ Die römische Göttin der Morgenröte hat dem Restaurant den Namen gegeben, und wie Gott in Italien darf sich tatsächlich vorkommen, wer auf der Terrasse den Tag ausklingen lässt. Vielleicht rascheln dazu die Blätter der 200 Jahre alten Olivenbäume, vielleicht wiegen sich die Pinien im Abendwind. An einem warmen Sommerabend in der Villa Aurora ist Langenselbold Italien am nächsten. Ein Aperitif vorneweg, bevor aufmerksame Kellner das Essen servieren. »Stilvoll genießen« – das Motto gilt draußen (150 Plätze) wie drinnen (85 Plätze). Die Wände kunstvoll mit antiken Szenen bemalt, geben Säulen den Räumen Struktur. Warm die Farben, geschmackvoll die Details. Da schmecken die feinen Cannelloni, hausgemacht und mit Ricotta und Spinat gefüllt (6,50 €), gleich doppelt so gut. Pizza (ab 4 €) gibt es in jeder nur erdenklichen Variation, und natürlich darf das klassische Saltimbocca (12,50 €) nicht fehlen. Für den kleineren Hunger bietet sich zum Beispiel die Tomatencremesuppe (4,50 €) an, in Kombination mit leckerem Pizzabrot (3 €). Fisch verwendet die Küche »immer frisch, niemals gefroren«, wie der Chef *Fran-*

€ Wiener Schnitzel mit Pommes frites 9,20 €, Rumpsteak Gorgonzolasoße 15,20 €. Vegetarisch: Italienischer Salat 6,90 €.
Tasse Kaffee 2,20 €, Wasser 2,20 € (0,25 l), Bier 3,50 € (0,4 l), Rotwein (Chianti) 4,90 € (0,25 l), Apfelwein 3 € (0,25 l).

© Rolf K. Wegst

Da errötet selbst Aurora: Willkommen im Land der Liebe

Romantisches Restaurant mit italienischem Flair. Auf der Terrasse sitzt man unter Pinien mit Blick auf den Kinzigsee.

Täglich 11.45 – 24 Uhr, am 24. Dez geschlossen.

co Capone betont. Die Goldbrasse in Weißwein-Sauce auf Spinat mit Salzkartoffeln und Salat kostet 17,50 €. Auf Vorbestellung bereitet das Team nach den Wünschen der Gäste besondere Fischgerichte zu. Ohnehin sollte man fragen, ob die Küche zusätzlich zur Karte weitere Spezialitäten im Angebot hat. Nach dem Essen empfiehlt sich auf jeden Fall ein Spaziergang um den See – egal zu welcher Jahreszeit. Auch im Winter wirkt das Wasser wie das Versprechen einer südlichen, sonnigen Zukunft.

Volker Trunk

Auch hier kann die Sonne aufgehen: In der lichthellen Villa Aurora

© Rolf K. Wegst

WÄLDER & HÖHEN

RADELN AM FLUSS

WÄLDER & HÖHEN

SCHÖNE AUSSICHTEN

BURGEN & SCHLÖSSER

KULTUR-TOUREN

FAMILIEN-FREIZEIT

MÜHLEN & BÄCHE

BERG & TAL

NATUR-OASEN

KARTEN & REGISTER

Da lacht das Herz: Limeswanderung vom Feldberg zum Herzberg

Feldberg – Sandplacken (2 km) – Herzberg (4,5 km) – Hirschgarten (4 km). **Länge:** 10,5 km auf unterschiedlichem Terrain, z.T. steil und uneben, aber insgesamt leicht zu gehen. **Anfahrt:** U3 Endstation Oberursel-Hohemark, Bus 511 über Sandplacken bis Feldberg. Oder FKE bis Königstein und weiter mit Bus 511 zum Feldberg. **Rückfahrt:** Bus 1/11 ab Hirschgarten, letzte Abfahrt Mo – Fr 17.58 Uhr, Sa, So und Fei 18.50 Uhr; bis Bad Homburg Bhf, S5 und RB15 Frankfurt – Brandoberndorf oder weiter bis Gonzenheim bzw. Ober-Eschbach zur U2. **Variation:** Vom Herzberg zur Saalburg 3 km, Bus 5 Bhf Bad Homburg, letzte Abfahrt Mo – Fr 17.48 Uhr, Sa, So und Fei 18.43 Uhr.

▶ Der Hochtaunus ist durch Bahnen und Busse gut erschlossen, sodass Sie auch Streckenwanderungen bequem durchführen können. Eine solche führt vom Großen Feldberg über den Sandplacken zur Einkehr auf dem Herzberg und anschließend zum Hirschgarten, wo Sie ein Bus zum Bahnhof von Bad Homburg bringt. Zwar dauert diese erlebnisreiche Tour durch die Busanfahrt länger, hat aber den Vorteil, dass Sie Ihr Auto zu Hause stehen lassen können.

Wenn Sie die Aussicht vom 880 m hohen ↗ **Großen Feldberg** ausgiebig genossen haben, gehen Sie dem **Schwarzen T** und **Blauen Kreuz** nach durch den Wald Richtung Sandplacken bergab. Im Wald sehen Sie manchmal kleine Sprungschanzen, die sich die Mountainbiker anlegen. Nach 1 km stoßen Sie dort, wo die Straße den Wanderweg fast berührt und sich mehrere Wege kreuzen, erstmals auf den **Limes,** der Sie von nun an fast ständig begleitet. Er ist zwischen den Bäumen als eindeutiger Wall auszumachen, das Wegzeichen ist ein stilisierter **Schwarzer Römerturm.**

Nach 1 weiteren km stoßen Sie auf die Feldberg-Straße, überqueren diese und laufen auf die Rückseite

*Der **Limes,** das größte archäologische Bodendenkmal Europas, wurde 2005 von der UNESCO in die Liste der Welterbestätten aufgenommen.*

Imposant und einem Römerturm nicht unähnlich: Der Herzbergturm

Der Limes war nach dem Zerfall des römischen Imperiums nicht gänzlich nutzlos. Zeitweise war er die Grenze zwischen dem Herzogtum Nassau und der Landgrafschaft Hessen-Homburg. Heute ist er Gemarkungsgrenze zwischen der Gemeinde Wehrheim und der Stadt Bad Homburg.

M **Römerkastell Saalburg,** Archäologischer Park und Museum, Saalburg 1, 61350 Bad Homburg, ✆ 06175/9374-0, Fax -11, www.saalburgmuseum.de, info@saalburgmuseum.de. **Zeiten:** März – Okt täglich 9 – 18, Nov – Feb Di – So 9 – 16 Uhr. 24. Dez geschlossen, 25./26. Dez und 1. Jan 9 – 16 Uhr, 31. Dez. 9 – 12 Uhr. Interessante Führungen. **Preise:** 3 €, ermäßigt 2,50, Kinder 6 – 18 Jahre 2 €, Familienkarte 7,50, Hunde 0,50, Gruppen ab 20 Pers 2,50 bzw. 1,80 €.

des Lokals am **Sandplacken** zu. An seiner Vorderseite nutzen Sie die Ampel und folgen dem **Schwarzen Limesturm** wieder in den Wald hinein. Hier ist immer viel los, Bushaltestelle und Parkplatz am Sandplacken werden im Winter auch von Langläufern genutzt. Doch bald wird es wieder ruhiger, die Familienhorden kommen oft nicht sehr weit. Über den **Klingenkopf,** um den der Weg rechts herumführt, konnten die Römer wegen des harten Untergrunds keinen Graben anlegen, weshalb der Limes durch eine Mauer aus anstehendem Gestein gebildet wurde, deren Reste mehr oder weniger gut sichtbar im Wald liegen. Auf dem 682 m hohen Berg gab es einen Wachtposten, dessen Grundmauern konserviert wurden. Der Weg kommt an eine Wegschlaufe mit abgehenden Schneisen. Folgen Sie dem Limessymbol schräg links aufwärts, die Grenze ist jetzt rechts von Ihnen wieder als Wall und Graben sichtbar. Wenig später erreichen Sie das **Kleinkastell Heiligenstock,** dessen zerfallene Umwehrungsmauern noch deutlich erkennbar sind. Es befindet sich exakt 800 m vom Klingenkopf-Wachtposten entfernt – alle 400 oder 800 m gab es einen solchen Turm. Unterhalb des *Rosskopfes* folgt, diesmal im Abstand von 1000 m, der nächste Römerturm. So geht es theoretisch noch 3,4 km weiter bis zur M **Saalburg** – eine sehr schöne, stille Strecke. Doch wer von dort nicht die 3 km (Schwarzes Dreieck) zurück Richtung Herzberg laufen will, der biegt jetzt bei einer schnurgeraden und steil abwärts führenden **Schneise** nach rechts vom Limesweg ab (2. Möglichkeit rechts). Ein paar Schritte nur und dann gehen Sie links einen unebenen Grasweg unterhalb des Limes Richtung Osten. Der Pfad wird wieder etwas breiter, Sie bleiben auf ihm und folgen ihm und dem **Blauen Kreuz** 250 m. Nach einer Rechtskurve laufen Sie geradeaus auf den **Herzbergturm** in 750 m Entfernung zu. An einer Kreuzung kurz vorher ist er gut ausgeschildert, hier mündet auch der Saalburg-Weg.

▶ Im 2. Jahrhundert n.Chr. war es für die römischen Besatzer endlich soweit: Die Grenzlinie zwischen römischem und germanischem Territorium war festgelegt. Dieser Grenzziehung ging eine 160 Jahre andauernde Eroberungsgeschichte voraus, die in mehreren Etappen erfolgte und deren letzte Ausbauphase diese 548 km lange Grenze zwischen Rhein und Donau darstellt. Der **Obergermanisch-Raetische Limes** diente inzwischen weniger der Abwehr der germanischen Stämme, sondern der Sichtbarmachung einer Demarkationslinie zwischen dem Imperium Romanum und dem freien Germanien, an der die Römer den Warenverkehr und den im Tross nachfolgenden Menschenstrom kontrollierten.

DER LIMES: GRENZE ZWISCHEN RÖMERN UND GERMANEN

Zum Limes gehörten nicht nur Wall, Graben, Palisaden und etwa 900 Wachtürme, sondern auch verschieden große Kastelle. Von diesen sieht man im Taunus z.B. im Norden des Kleinen Feldbergs die Reste einer Garnison mit Badeanlage, mehrere Kastellruinen und beim Teufelsquartier unterhalb des Großen Feldbergs Fundamente von Wachtposten. Mit der Saalburg hat man das Leben in und um ein Kastell anschaulich wiederaufgebaut. Dort lebten nicht nur die Soldaten einer römischen Kohorte, sondern es gab in friedlicher Koexistenz auch ein Dorf mit Händlern, Handwerkern, Marktfrauen und Bauernmädchen.

Der Limes bestand aus einem 9 m breiten und 2 m hohen aufgeschütteten Erdwall. Davor lag der ursprünglich 8 m breite und 2,5 m tiefe Graben. Unmittelbar vor dem Graben verlief die Palisade aus Baumstämmen. Das Holz ist im Laufe der 2000 Jahre verrottet, die Grenze wurde schon ab 260 n.Chr. aufgegeben. ◀

Annette Sievers

Rekonstruktion eines Römerturms

Sonniger Winter: Auf dem Limesweg im Taunus

Das **Aufbrechen** nach der gemütlichen Einkehr fällt gerade im Winter schwer, wenn im ☒ **Herzberggasthof** der Kachelofen bullert. Wer nicht im Dunkeln durch den Wald stolpern will, sollte die Uhr im Auge behalten, mindestens 1 Stunde sollten Sie für den Weg zum Hirschgarten einkalkulieren (Variation: zur Saalburg 45 Minuten).

Sie wenden sich vom Lokal aus nach links und halten Ausschau nach dem **Blauen Punkt.** Auf schmalem Weg geht es stetig bergab. Sie kreuzen insgesamt drei breitere Wege, halten aber immer weiter auf den **Bleibeskopf** zu. An seiner südöstlichen Flanke gibt es einen keltischen Ringwall, in dessen Umfassung man Spuren von der Wende der Bronze- zur Eisenzeit entdeckt hat. Die gefundenen Gegenstände werden auf das 9./8. Jahrhundert v.Chr. datiert, sie sind im ↗ *Saalburgmuseum* und im Oberurseler Museum ausgestellt.

Unterhalb des 480 m hohen Berges biegen Sie links auf eine Schneise ab und folgen ihr, jetzt auf breitem, bequemen Weg bis zur Kreuzung mit der ↗ Krausbäumchenschneise, die zum ↗ Forellengut führt. Sie gehen geradeaus über die Kreuzung hinweg und ignorieren auch den nächsten, schräg links abgehenden Weg; der Blaue Punkt führt hier nach Dornholzhausen. Sie gehen 250 m weiter geradeaus und an der nächsten Kreuzung biegen Sie rechts auf den **König-Wilhelm-Weg** ab. Er ist mit einem **Roten Kreuz** markiert. Jetzt sind es noch 750 m bis zur Bushaltestelle vor den Toren des Hirschgartens, zu dem Sie am Ende des Weges links abbiegen.

Annette Sievers

König-Wilhelm-Weg, *einer der Hauptforst- und Wanderwege, ist nach dem preußischen König benannt, der 1868 erstmals in Bad Homburg weilte. Die Kurstadt gehörte seit 1866 zu Preußen. Nach dem Deutsch-Französischen Krieg 1871 wurde Wilhelm I. (1797 - 1888) zudem Deutscher Kaiser.*

Äppler mit Aussicht: Berggasthof Herzberg

A. Spöhrer und M. Abt, Herzbergturm 1, 61350 Bad Homburg, ✆ 06172/455951, Fax 455954. www.Berggasthof-Herzberg.de. Gasthofherzberg@aol.com. **Anfahrt:** Stadtbus 5 bis zur Saalburg. Von dort 3 km Wanderweg bis zum Herzberg. Stadtbus 1 und 11 bis zum Hirschgarten. Von dort aus 3,9 km bis zum Herzberg wandern. **Auto:** Von Bad Homburg auf der B456 Richtung Usingen bis zum Abzweig Saalburg. Am Saalburghotel links vorbei Richtung Herzberg. Den Schildern folgend an der nächsten Gabelung links in den Wald abbiegen bis zum Parkplatz Silberküppel. Von hier aus sind es noch 2 km zu Fuß.

Rustikaler Gasthof mit gutbürgerlicher Küche und familienfreundlichen Preisen.

Ganzjährig Di – Do 10 – 22, Fr, Sa 10 – 23 Uhr, So und Fei 10 – 21 Uhr, Mo Ruhetag. Jan – 15. März schließt das Lokal bereits um 18 Uhr.

▶ Mitten im Wald auf Bad Homburgs Hausberg – dem 592 m hohen Herzberg – versteckt sich der Berggasthof Herzberg. Ambiente und Speiseangebot sind der Umgebung entsprechend ländlich rustikal. Einfache, aber gut zubereitete Gerichte erfüllen Wanderers Wünsche und Mägen voll und ganz. Regional geprägt ist die gutbürgerliche Küche im Herzberg-Gasthof. Handkäs mit Musik (Tipp für Nicht-Hessen: Musik wird auf der ersten Silbe betont), Leberkäse mit Spiegelei und Bratkartoffeln und die Hausmacher Platte mit regionalen Wurstsorten gehören genauso dazu wie die hausgemachte Apfelweinsuppe

Das schmeckt und zischt: Auf dem Herzberg darf natürlich auch Bier getrunken werden

€ Schnitzel 7,60 – 8,60 €, Rinderhüftsteak mit Bratkartoffeln und Salat 12,70 €. Kinderteller: Die gängigen Schnitzelarten werden alle auch in kleinen Portionen angeboten. Portion Pommes frites 1,60 €. Vegetarisch: Auberginenschnitzel mit Salat sowie Brokkoli mit Champignons und Rösti, jeweils 6,90 €.
Große Tasse Kaffee 2,10 €, Mineralwasser 1,50 € (0,25 l), Apfelsaftschorle 1,60 € (0,2 l), Apfelwein 1,60 € (0,25 l).

mit Hefeklößchen, einer süß-herben Nachspeisen-Spezialität des Hauses. Auf der Wochenkarte werden je nach Saison Wild- und Fischgerichte angeboten.
In den beiden Gasträumen finden 100 Personen Platz. Auf der Terrasse, die hoch über den Baumwipfeln liegt und einen schönen Blick über Bad Homburg und die Wetterau freigibt, können 50 Gäste sitzen. Der Biergarten auf der Vorderseite der Gaststätte am Fuße des **Herzbergturms** bietet noch einmal 250 Sitzplätze.

*Der **Turm** wird zurzeit renoviert und kann daher frühestens im Sommer 2008 wieder bestiegen werden.*

Wandern und mehr ab Herzberg

▸ Mitten im Naturpark Hochtaunus gelegen führen über 100 Rundwanderwege durch das hügelige Waldgebiet. Im Winter werden 130 km Loipen gespurt. Beliebte Wanderziele vom Herzberg aus sind der 1 km südwestlich gelegene *Bleibiskopf* mit Resten eines keltischen Ringwalls, der *Altkönig*, rund 6,5 km ebenfalls in südwestlicher Richtung entfernt, und das *Heidetränk-Oppidum* – 3,5 km südwestlich –, mit einem archäologischen Rundwanderweg durch diese älteste keltische Siedlung im Taunus. Von den Bad Homburger Stadtteilen *Kirdorf* und *Dornholzhausen* kann der Herzberg über 4 – 5 km lange Strecken erwandert werden.

Cornelia Färber

Lachendes Rot – heißt aber: Finger weg!

Die Wald- & Meister-Wanderung: Von Hofheim nach Kelkheim

Länge: ca. 2 Std. **Anfahrt:** S2, RB21 Wiesbaden – Niedernhausen bis Hofheim, vom Bhf über die Überführung zum Schmelzweg, dann links Zeilsheimer Straße. Meisterturm mit RMV-Bus 401, AST 404 bis Ehrenmal. **Auto:** Zum Meisterturm B519, Niederhofheimer Straße, dann abbiegen in Zeil, Marienstraße und weiter über Kreuzweg, dort Parkplatz. **Rückweg:** Ab Hof Gimbach 2 km zu Fuß zum Bhf Kelkheim, von dort Bus 806 bis Bhf Hofheim (täglich, Sa letzte Abfahrt 18.49, So 22.16 Uhr) oder ab Bhf Kelkheim Taunusbahn Königstein – Frankfurt. **Preise:** Meisterturm 0,25 €; Kind 0,15 €.

▶ Am Ende des **Hofheimer Kreuzwegs** sehen Sie im Wald den Wegweiser zum Meisterturm. Von hier aus können Sie auf dem Kühruhpfad einen Abstecher zu einem Wildgehege hinter der Revierförsterei unternehmen, wo unter den Bäumen ein Hirschrudel lebt. Zum Aussichtsturm geht es über die Asphaltstraße oberhalb der Försterei. Sie gabelt sich nach 50 m. Sie halten sich links und gelangen nach einer Schleife um die *Bergkapelle* in etwa 15 Minuten ans Ziel. Vorher passieren Sie im Wald die Reste einer *keltischen Ringwallanlage.*

Der stählerne **Meisterturm** steht auf dem höchsten Punkt des *Kapellenberges* (292 m). Falls das Gatter vor dem Aufgang geschlossen ist, holen Sie den Schlüssel beim Pächter der benachbarten **Waldgaststätte Meisterturm.** Nach dem Aufstieg bietet sich Ihnen ein herrlicher Ausblick auf die Höhenzüge des Taunus, ins Lorsbachtal und auf die Mainebene mit der Skyline von Frankfurt und den am Flughafen startenden und landenden Fliegern. An schönen Tagen ist im Süden der Odenwald zu sehen.

Richtig rund wird der Ausflug aber erst, wenn Sie die etwa 1,5 Stunden (einfacher Weg) dauernde **Wanderung** zum hier empfohlenen Gimbacher Hof anschließen. Sie verläuft auf dem am Meisterturm vorbeiführenden Weg immer geradeaus nach Norden. Nach ei-

DORTHIN, WO DIE SOß' NOCH GRIE IS

Waldgaststätte Meisterturm,
65719 Hofheim,
✆ 06192/8887.
www.meisterturm.de.
Mo – Sa 12 – 22, So 10 – 22 Uhr, Di Ruhetag.

ner Stunde erreichen Sie den Waldrand, eine Abzweigung nach rechts bringt Sie bis zum Lokal Gundelhard. Von dort aus halten Sie sich Richtung Kelkheim (ausgeschildert). Hinter dem Wasserwerk biegen Sie links in eine Asphaltstraße ein. Sie geht in einen Schotterweg über, der direkt auf dem **Gimbacher Hof** endet. Im Winter verbreiten ein Kachelofen und ein offener Kamin in den Stuben des Landgasthofs wohlige Wärme. Im Sommer sitzen Sie unter mächtigen alten Kastanienbäumen im Freien. Neben dem Sommergarten liegen ein Spielplatz und ein Gehege mit Ziegen, Hühnern, Enten und Puten.

Eberhard Schmitt-Burk

Bewohner des Gimbacher Hofs: Schottisches Hochlandrinderkind

Hof Gimbach: Des Frankfurters Gudd Stub

Landgasthof mit Tradition und Flair, ideal für Familien mit Kindern und Wanderer.

Mo – Fr 12 – 24, Sa und So 11 – 24 Uhr, Mi Ruhetag.

Margret Schiela, 65779 Kelkheim-Fischbach, ✆ 06195/3241, Fax 72213. www.hof-gimbach.de. info@hof-gimbach.

Anfahrt: Taunusbahn Königstein – Frankfurt oder Bus 804 – 807 bis Bhf Kelkheim, dann circa 2 km zu Fuß. **Auto:** B8, B455, B519, am Bhf Kelkheim rechts den Berg hinauf, ausgeschildert, Parkplätze vorhanden.

▶ Generationen von Großeltern, Eltern und Kindern sind schon zum »Gimbacher« gepilgert. Ob Altlinke oder Wandersleut, Motorradfahrer oder Mountainbiker, ob Kelkheimer oder Gäste aus dem Rhein-Main-Gebiet: Alle treffen sich einträchtig zum Äppelwoi in der historischen Gaststätte. Für Erholung Suchende aus Frankfurt avancierte der Hof seit den 80er Jahren zur Guten Stube. Kaum ein lauer Sommerabend, an dem hier nicht der eine Frankfurter den anderen traf. In der warmen Jahreszeit spenden Kastanienbäume Schatten für die Menschen auf den Bierbänken. Die gehen auch mal selbst in die Gaststube und schleppen Tabletts, wenn die emsigen Bedienungen des Andrangs nicht mehr Herr werden. Ziegen und Geflügel in einem Gehege warten begierig darauf, von Kindern gefüttert zu werden. Letztere können sich auf den Wiesen rundum austoben oder auf dem Spielplatz in Sichtweite der Eltern. Im Herbst ist die Luft geschwängert vom Duft der Äpfel, die für die Kelter bereitliegen. Sammler können um diese

© Rolf K. Wegst

Unaufgeregt: Im Schatten der Kastanien sitzen Mütter, auf dem Spielplatz tummeln sich die Kinder und alle sind zufrieden

Leckerer Kuchen: Für Freunde des Süßen gibt es Leckeres auch im Glas zum Mitnehmen

© Rolf K. Wegst

Zeit ihre Körbchen mit Pilzen oder Maronen füllen. Im Winter lockt die heimelige Gaststube. Legendär ist die Grüne Soße im »Gimbacher«: Grün, nicht weiß, weil die Kräuter nicht in Mayonnaise ertränkt werden.

Christine Vaternahm

€ Schnitzel Wiener Art, Salat, Pommes frites 8,90 €, Rumpsteak 14,20 €. Vegetarisch: Grüne Soße mit Eiern und Bratkartoffeln 7,90 €, Handkäs mit Musik 3,90 €. Kinderteller: z.B. Nürnberger Rostbratwürstchen, Kartoffelbrei und Rahmsoße 4,60 €. Senioren: Kleine Gerichte vorhanden. Spezialitäten der Saison: Portion Spargel mit Salzkartoffeln 12,50 €.
Kaffee 1,80 €, Wasser 1,80 € (0,25 l), 2,90 € (0,7 l), Apfelwein selbst gekeltert 1,50 € (0,25 l), Badischer und Rheingauer Wein 3,30 – 3,80 €, Hefeweizen 3 € (0,5 l).

SCHÖNE AUSSICHTEN

Winterfreuden auf dem höchsten Taunusgipfel

Anfahrt: Bus 511 Königstein – Oberursel Hohemark bis Großer Feldberg, Mo – Fr alle 2 Std, Sa, So und Fei stündlich. **Auto:** Von Frankfurt und Bad Homburg A661 bis zum Ende, dann auf der B455 der Beschilderung Großer Feldberg folgen. Von Wiesbaden und Königstein kommend über B455, ebenfalls den Schildern folgen. Die Parkplätze auf dem Feldbergplateau sind mit 50 Pkw- und 4 Busparkplätzen begrenzt. Auf den Zufahrtsstraßen stehen rund 400 Parkplätze zur Verfügung. Von dort aus sind es 5 – 10 Gehminuten zum Feldberghof.

▶ Auf dem häufig von einem kräftigen Wind umwehten Plateau des Feldbergs (879 m) herrscht im Winter großer Andrang: Sobald die **Taunushänge** weiße Farbe annehmen, versammelt sich auf und um den höchsten Berg der Region alles, was Bretterln und Kufen sein Eigen nennt. **Skifahrer** können zwei Abfahrten nutzen: den *Siegfriedschuss* (Länge 1500 m, Höhendifferenz 170 m) oder die *Nordbahnabfahrt* (Länge 1200 m, Höhendifferenz 170 m). Bei beiden gibt es allerdings keinen Lift!

Wer dem Trubel auf dem Feldberg entgehen und es etwas bequemer haben will, kann auch am *Feldberghang* oberhalb des ehemaligen Posterholungsheims in **Oberreifenberg** abfahren (am Ortsausgang Richtung Sandplacken Beschilderung Jugendherberge folgen). Hier wurde eine Liftanlage mit zwei Schleppliften installiert. Einen separaten Snowboardhang mit Lift (Länge 400 – 600 m) gibt es auch. Am *Naturparkhotel Weilquelle* steht ein weiterer Lift (Länge 800 m) und am Weihersberg ein Hang (Länge 600 m) ohne Lift zur Verfügung. In **Treisberg** können Skifahrer zwei Lifte (Länge 800 m) nutzen.

Vom Feldbergplateau mit dem **Schlitten** zu Tal fahren, können Sie zum Beispiel auf den *Waldwegen* Richtung Nordwesten, Norden (zum Teufelsquartier) oder auf dem hinter dem ☒ **Feldberghof** am Eingangstor des Falkenhofs beginnenden Weg zum

AUF UND UM DEN FELDBERG

*Der **Taunus** gehört zum südöstlichen Teil des Rheinischen Schiefergebirges. Im Sommer ist das Wandern die Freizeitbeschäftigung Nummer 1 in diesem Naturpark, im Winter das Schlittenfahren und der Skilanglauf. Motorradfahrer und Mountainbiker haben die Straßen und Wege rund um den Feldberg ebenfalls längst für sich entdeckt. Letztere geraten jedoch öfter mit den Wanderern ins Gehege, wenn sie mit atemberaubender Geschwindigkeit durch die Wälder fegen.*

Yippieh! Schnee, der bis zum Knie geht!

Fuchstanz. Eine schöne Rodelbahn verläuft außerdem südlich des Großen Feldbergs vom Fuchstanz bis zum Reichenbachweg.

Eberhard Schmitt-Burk

Tipp: Wenn Sie schon einmal hier oben sind, sollten Sie nicht den Aufstieg zum Aussichtsturm auslassen. Nach 162 Stufen kommt man auf eine verglaste Plattform, die nach allen vier Himmelsrichtungen hin Sicht bietet: auf die Rhein-Main Ebene um Frankfurt, die Burg von Oberreifenberg oder die Höhenzüge und Täler des nördlichen Hochtaunus. Preise: Aussichtsturm 1,60 €, Kinder 0,60 €.

Sendebewusstsein: Am weithin sichtbaren Feldberg-Sender ist der höchste Berg im Taunus immer eindeutig zu identifizieren

© Rolf K. Wegst

Einkehr hoch hinaus: Feldberghof

Familie Stürtz, Großer Feldberg 5, 61389 Schmitten.
✆ 06174/9234-0, Fax -25, www.feldberghof.
com. info@feldberghof.com. **Anfahrt:** ↗ Winterfreuden.

Beliebtes Ausflugslokal mit Aussicht und gutbürgerlicher, rustikaler Küche.

▶ Auf dem höchsten Berg des Taunus, dem Großen Feldberg, liegt in 879 Metern Höhe das Gasthaus Feldberghof. Bei schönem Wetter bietet sich dort ein Panomarablick über Frankfurt und die Rhein-Main-Ebene. Und das sowohl von den hellen, rundum verglasten Gasträumen als auch von den drei überdachten und windgeschützten Terrassen aus. Mit 250 Sitzplätzen in den beiden Gasträumen und 200 unter freiem Himmel kann der Feldberghof selbst großen Anstürmen, wie das vor allem an schneereichen Wintertagen der Fall ist, standhalten.

Ostern – Okt Mo – Sa 11 – 22 Uhr, So und Fei ab 10 Uhr. Im Winter Mo – Sa 11 – 18 Uhr, So und Fei ab 10 Uhr. Kein Ruhetag, durchgehend warme Küche.

Die freundliche und unkomplizierte Einrichtung in der Jausenstube mit ihren langen, hölzernen Tischen ist durch und durch familien- und gruppentauglich. Genauso wie die Speisekarte. Suppen und Eintöpfe (4,40 – 4,90 €), Jausenbrettchen (7,20 €) mit rohem Schinken, Hausmacher Wurst und Gurken, Käsebrettchen (6,50 €), Rippchen mit Kraut (7,80 €) sind die typischen Wanderer-

© Rolf K. Wegst

Draußen luftig, drinnen gemütlich: Hier sitzt es sich egal zu welcher Jahreszeit und zu welchem Anlass wunderbar

Schnitzel aller Art 6,80 – 11,50 €, hausgemachte Kohlrouladen 6,50 €, Hackbraten 6,80 €. Vegetarisch: Verschiedene Gemüsegratins 8,50 €.

Große Tasse Kaffee 2 €, Wasser 1,50 € (0,3 l), Cola 1,60 € (0,3 l), kleines Bier 1,50 € (0,2 l).

© Rolf K. Wegst

Nostalgie: Wegzehrung zur Erinnerung gefällig? Denkste! Darin sind Halbedelsteine

Mahlzeiten, die die gutbürgerliche Küche zu bieten hat. Wer allerdings noch weitere Wege per Rad, zu Fuß oder mit dem Schlitten vorhat, für den gibt es leichte Gerichte wie Frankfurter Grüne Soße (7,80 €) oder Matjesfilet (6,90 €). Spezialitäten in den Wintermonaten sind Gänse- (12,80 €) und Hirschbraten (13,50 €).

Österreichisch liest sich die Nachspeisenkarte mit Kaiserschmarrn (8,50 €, kleine Portion 4,90 €), Marillenknödeln (4,60 €) und Apfelstrudel mit Vanilleeis (4,30 €).

Cornelia Färber

Er stammt aus der Falknerei, nicht aus der Küche, ist ja auch ein Geier und kein Huhn

© Rolf K. Wegst

✷ **Tipp**: Die älteste **Falknerei** Hessens mit 60 Greifvögeln befindet sich in unmittelbarer Nähe zum Feldberghof. ✆ 06174/7545. April – Okt täglich 10 – 18 Uhr, ab 14 Uhr Freiflüge. Kinder bis 15 Jahre 3 €, Erw 4,50 €. Führungen und Vorträge ab 20 Personen.

Radeln rund um den Winterstein

Länge: Hin- und zurück 14 km. Bad Nauheim – Winterstein. **Anfahrt:** Von Marburg und Frankfurt RE und RB bis Bad Nauheim. **Auto:** A5 Ausfahrt 13 Bad Nauheim oder B3, von Osten über B455 oder B275.

Diese Radtour startet am **Bahnhof** der Jugendstilstadt ↗ **Bad Nauheim.** An der Mündung der Bahnhofstraße auf die Ludwigstraße biegen Sie links ab. Auf der anderen Seite der Usa geht es über *In den Kolonnaden* an der Tourist-Information vorbei. An der zweiten Möglichkeit fahren Sie links in die *Karlstraße* und dann rechts in die **Hauptstraße.** Sie radeln nun bergauf und immer geradeaus. Über die anschließende *Steingasse* geht es Richtung Westen aus der Stadt hinaus. Wenn die Steingasse in die *Wintersteinstraße* übergeht, wechseln Sie rechts auf den ein kurzes Stück parallel zur Straße verlaufenden Radweg, der dann rechts in den Wald hinaufführt. Nach der S-Kurve geht es geradeaus weiter auf den **Lichtenbergpfad.** Nach ein paar steileren Metern durch den lichten Laubwald biegen Sie an der ersten Möglichkeit links ab und folgen dem Weg, der nach 100 m auf eine Teerstraße führt. Dieser Verkehrsstraße folgen Sie nun nach rechts. Sie werden sie bis kurz vor der verdienten Einkehr nicht mehr verlassen – aber bis dahin müssen Sie noch kräftig in die Pedale treten! Bis zur Siedlung **Hasselhecke** und unter der Autobahn hindurch können Sie noch gemütlich durch die offene Landschaft radeln, aber nach der Senke geht die Asphaltstraße im Wald stetig bergauf: 120 m Höhenmeter müssen bewältigt werden, bevor Ihnen ein Schild nach rechts den Weg zum **Wintersteinturm** und dem nahe gelegenen ☒ **Forsthaus Winterstein** weist. Wer durstig ist, kann dort jetzt schon einkehren. Wer sich sein Schnitzel wirklich verdienen will, dem steht noch der Aufstieg zum 482 m hohen **Winterstein** mit seinem Aussichtsturm bevor.

Der 1 km lange Weg führt direkt neben dem Forsthaus den Berg hinauf. Sportive Mountainbiker sind

BERG-ETAPPE IM TAUNUS

✷ *Der **Wintersteinturm** wurde 2005 mit Hilfe einer Bürgerinitiative nach historischem Vorbild neu errichtet. Das hölzerne Original baute 1888 der Taunusklub Wetterau.*

vielleicht nicht davon abzubringen, den sehr steilen und steinigen Berg mit dem Rad zu erklimmen, dem normalen Ausflügler sei dringend geraten, das Rad beim Forsthaus stehen zu lassen und zu Fuß hinauf zu steigen!

Egal, wie Sie oben ankommen, der Weg lohnt sich auf jeden Fall. Der Ausblick vom Aussichtsturm auf dem *Winterstein* ist wunderbar. Wetterau und Taunus liegen Ihnen zu Füßen und bei guter Sicht ist auch

Stetig bergan: Um zum Turm auf dem Winterstein zu gelangen, braucht's etwas Ausdauer, doch das Ziel lohnt

Frankfurts Skyline zu sehen. Für Kinder gibt es hier oben tolle Felsen zum Klettern.

Zurück geht es auf derselben Strecke. Wagemutige mit Mountainbike können auch über den mit einem Gelben Kreuz markierten Weg auf der südlichen Seite des Wintersteins den Rückweg nach Bad Nauheim antreten.

Daniela Grosche

Käsekuchen mit Aussicht im Forsthaus Winterstein

Erna und Walter Langsdorf, 61239 Ober-Mörlen. ✆ 06002/303. **Anfahrt:** Keine Möglichkeit mit ÖPNV. **Auto:** Von Bad Nauheim über Hauptstraße, immer geradeaus, unter der Autobahnbrücke hindurch zum Forsthaus Winterstein. Die Altstadt von Bad Nauheim liegt 7 km entfernt. Von Ober-Mörlen B275, Hasselhecker Straße bis zur Autobahn-Brücke, rechts abbiegen zum Forsthaus. Dem Schild Wintersteinturm folgen.

Rustikales, traditionsreiches Ausflugslokal mitten im Wald. Ausgangspunkt für Wanderungen zum Winterstein-Turm.

▶ »Zu uns kommen naturverbundene Leute, Schicki-Micki ist nichts für uns«, erzählt *Erna Langsdorf*, die 79-jährige Wirtin des Forsthauses Winterstein. Viele ihrer Gäste, die sich etwa an Wochenenden im windgeschützten Biergarten den hausgemachten Stachelbeerkuchen schmecken lassen, seien Stammkunden, sagt sie, »und die meisten kenne ich persönlich«. Der Kontakt ist ihr wichtig, schließlich lebt das Ehepaar seit 1965 ganz ohne Nachbarn im Wald. Die Kurstadt Bad Nauheim ist etliche Kilometer entfernt,

€ Schnitzel mit Brot 5,50 €, Rippchen mit Kraut 6 €, Portion Eier mit Brot und Butter 4,50 €, Handkäs mit Musik 3,80 €.
Tasse Kaffee 1,70 €, Glas Wasser 1,10 €, Bier 1,90 € (0,3 l), Apfelwein 1,30 € (0,25 l), Glas Wein 2,80 €.

Hier stimmt alles: Vom Kuchen bis zum Kraut

SCHÖNE AUSSICHTEN

Mi – Fr 14 – 18, Sa 14 – 22, So 10 – 22 Uhr, Mo und Di Ruhetag.

nicht viel näher ist es nach Ober-Mörlen. Einen Straßennamen gibt es nicht, die Post findet auch so den Weg zu den Langsdorfs. Beliebt ist das Wirtshaus bei Radlern und Wanderern, die hier Rast machen, um sich bei einem belegten Brot mit Presskopf (4,10 €), Hausmacher Wurst (Portion zu 4,40 €), Schnitzel oder Eierspeisen für den Heimweg zu stärken. Bei kleinem Hunger reicht vielleicht bereits die Tasse Rindsbouillon (1,80 €).

Die Waldgaststätte gibt es seit 1881. Berühmte Leute haben hier schon gesessen – *Kaiser Wilhelm II.* ebenso wie *Ferdinand von Coburg* oder *Kaiserin Elisabeth von Österreich,* die als Film-»Sissi« berühmt wurde. Sich an alte Zeiten zu erinnern, fällt beim Blick auf das schmucke Forsthaus in 365 Metern Höhe gar nicht schwer. Abseits des Parkplatzes ist es schön einsam. Die Moderne übrigens hat in dem abgelegenen Gasthaus vor erst gar nicht allzu langer Zeit Einzug gehalten. Strom gab es bis 1989 gar nicht, und aus dem Hahn fließt frisches Quellwasser. In trockenen Sommern, berichtet Erna Langsdorf, »bringt uns schon mal die Feuerwehr das Wasser«.

Volker Trunk

Tipp: Der Parkplatz am Forsthaus Winterstein ist ein beliebter Ausgangspunkt für Wanderungen. Ein Hinweisschild zeigt verschiedene Rundtouren.

© Rolf K. Wegst

Forsthaus Winterstein im Sommer: Denn das Gute liegt zwar hoch, aber doch so nah

BURGEN & SCHLÖSSER

Wie im Bilderbuch: Schloss Büdingen

Das gastliche Schloss, Schlossplatz 1, 63654 Büdingen. ✆ 06042/9647-0, Fax 9647-10. www.schloss-buedingen.de. schloss.buedingen@ysenburg.de. **Anfahrt:** Lahn-Kinzig-Bahn Gelnhausen – Gießen. Vom Bhf 1 km durch Bahnhofstraße und Vorstadt. **Auto:** A45 Ausfahrt 39 Altenstadt oder A66 Ausfahrt 42 Gründau-Lieblos. Frühzeitig parken. **Zeiten:** Mitte April – Mitte Okt Sa, So 14, 15, 16, 17 Uhr sowie das ganze Jahr nach Vereinbarung Führungen durch das Schlossmuseum, Dauer ca. 1 Std, auch für Schulklassen und Kindergartengruppen, Karten bei der Rezeption des Hotels. **Preise:** 5 €, Gruppe ab 20 Pers 4,50 €, aber min. 25 € pro Führung; Kinder 6 – 17 Jahre 3,50 €, ab 20 Pers 3, Kindergartengruppen 2,50 €.

▶ Das heutige **Schloss Büdingen** geht auf eine kleine mittelalterliche Wasserburg zurück. Im Laufe der Jahrhunderte ist durch zahlreiche Neu- und Umbauten ein anderes und weitaus größeres Bauwerk entstanden. Charakteristisch sind daher Architekturelemente aus der Romanik, Gotik, Renaissance und dem Barock. Die Kernburg ist ein dreizehneckiger Rundbau mit massiven Außenmauern aus der Stauferzeit, der von einem hohen Bergfried überragt wird. Es existiert ein kleiner Innenhof. Im Westen schließt ein großer äußerer Burghof an, der ebenfalls geschlossen umbaut ist.

Schön ist es, sich vom inneren Schlosshof aus die stilistisch sehr unterschiedlichen Gebäudeteile anzusehen. Insbesondere die Einrichtung der verschiedenen Zimmer der ehemaligen Wasserburg sowie die kunstvollen Schnitzereien der Schlosskapelle sind sehr interessant. In der mittelalterlichen Apotheke, in der »Alchimistenküche«, soll einst versucht worden sein, Gold herzustellen. An die Besichtigung können Sie einen Spaziergang durch den Schlosspark und die wunderschöne Altstadt anschließen.

Die **Altstadt** von Büdingen ist von einer hohen Mauer umgeben, durch die mehrere breite, einst gut ge-

Touristik Center Büdingen, Marktplatz 9, ✆ 06042/9637-0, www.buedingen-touristik.de. Nach Voranmeldung individuelle **Stadtführungen** durch Büdingen. Gruppenpauschale bis 25 Pers 49 €. Außerdem offene Führungen zu festen Terminen, 5 – 10 € pro Person.

Bis ins Detail gepflegt: Papierkorb im Zebralook im Äußeren Schlosshof

Vogelperspektive: Von oben ist die ringförmige Anlage des Schlosses gut zu erkennen

© Tourist-Information Büdingen

Im Schloss Büdingen gibt es das **Schloss-Café** mit Gartenlokal, wo Sie unter einer alten Kastanie mit Blick auf die Fachwerkfront des Schlossplatzes und die Marienkirche sitzen und entspannen können.

sicherte Tore führen. Der mittelalterliche Kern bezaubert mit seinen vielen reizvollen Fachwerkbauten und engen verwinkelten Gassen. Es macht Spaß, ganz spontan einen Streifzug zu unternehmen. Interessant ist auch, von außen an der mächtigen Sandstein-Stadtmauer mit ihren Toren und Türmen entlangzugehen. Dafür bietet sich der Abschnitt zwischen dem Jerusalem-Tor und dem Mühltor an. Dabei kommen Sie am *Lohsteg* an einem schönen **Spielplatz** mit Holzspielgeräten vorbei.

Eberhard Schmitt-Burk

Demonstrativ abwehrend: Das Jerusalem-Tor liegt eingeklemmt zwischen dicken Türmen

© Peter Meyer

Plüsch und Tote Tanten im Hexenstübchen

Ina Gerhardt, Altstadt 22, 63654 Büdingen. ✆ 06042/ 979488. **Anfahrt:** ↗ Das gastliche Schloss.

▶ Wo es Kopfsteinpflaster, Fachwerkhäuser, enge Gassen, noch dazu ein altes Schloss samt dicken Turm und eine fast vollständig erhaltene Stadtmauer gibt, da scheint auch der Glaube an Hexen nahe liegend. So verwundert es kaum, mitten in Büdingens schöner historischer Altstadt über das **Café Hexenstübchen** zu stolpern, das gleichzeitig Teestube ist. Das Staunen beginnt dann vielmehr mit dem Öffnen der Eingangstür, wähnt man sich doch plötzlich in Großmutters »Gudd Stubb« versetzt: Antike Tische und Stühle, ein dick gepolstertes Sofa, eine Anrichte mit viel Nippes, gerahmte Stickereien und eine Uhr als Wandschmuck ermöglichen es, den hier servierten hausgemachten Kuchen so richtig stilecht genießen zu können – die den Raum zierenden Stoffhexen nicht zu vergessen. Schwer fällt höchstens die Wahl zwischen den verschiedenen Heißgetränken, die angeboten werden: Tee gibt es allein in fünfzehn Sorten, wobei er nicht in Form fertig abgepackter Beutel im heißen Wasser auf dem Tisch landet, sondern tatsächlich lose Teeblätter zum Aufbrühen verwendet werden. Daneben gibt es Kaffee, Kakao – mit oder ohne Rum, eine Variante, die sich boshafterweise Tote Tante nennt. Morgens wird die Entscheidungsfähigkeit eines jeden Gastes durch die Aus-

Frühstück ab 4 €, am Wochenende Frühstücksbuffet für 7,50 €. In Knoblauch eingelegter Schafskäse 3 €, Pellkartoffeln mit Quark 4 €. Stück hausgemachter Kuchen 1,50 – 2 €.
Wasser 1,50 (0,2 l) €, Pott Kaffee 2,10 €, Kännchen Tee 2,50 €, Kakao mit Sahne 2,10 €, Tote Tante 3,50 €.

Plüschig, verspielt und urgemütlich: Das Hexenstübchen ist unter all den üblichen Gaststätten Büdingens etwas Spezielles.

Di und So 9.30 – 18, Mi – Sa 9.30 – 23 Uhr, Mo Ruhetag.

Fachwerkromantik: Ein Streifzug durch Büdingen bringt einen zurück ins 15. und 16. Jahrhundert

wahl unterschiedlicher Frühstücke zusätzlich auf die Probe gestellt, was am Wochenende seine Fortsetzung in Form eines Frühstückbuffets findet. Ansonsten bietet *Ina Gerhardt,* die Inhaberin des Hexenstübchens, wechselnde Kleinigkeiten – auch Herzhaftes – zum Essen an.

Ebenso vielfältig sind die **Veranstaltungen,** die sie im gemütlichen Wohnzimmer-Café organisiert: Mehrmals im Monat kommt eine professionelle Wahrsagerin, um Gästen – nach vorheriger Anmeldung – die Karten zu legen. Mundart-Theater live kann bequem vom gemütlichen Sofa aus rezipiert werden. Aktive Teilnahme ist bei Workshops, z.B. zur Schmuckherstellung, gefragt. Über aktuelle Termine und Veranstaltungen informieren Sie sich am besten telefonisch. Doch eines ist gewiss: Unter diesem antiken Mobiliar – kein Muff von 1000 Jahr!

Caroline Rothauge

Die Zeit der Minne live erleben: Burg Ronneburg

63549 Ronneburg. ✆ 06048/950904, Fax 950906. www.burg-ronneburg.de. mail@burg-ronneburg.de. **Anfahrt:** Ab Hanau Freiheitsplatz Bus 5904 nach Ronneburg-Altwiedermus, Haltestelle unterhalb der Burg, 30 Min Fußweg. **Auto:** A66 Abfahrt 40 Langenselbold, Richtung Ronneburg-Altwiedermus; vom Parkplatz unterhalb der Burg 15 Min Fußweg. **Zeiten:** März – Nov Di – So 10 – 18 Uhr; 1. – 3. Advent 11 – 20 Uhr Weihnachtsmarkt. **Preise:** 4 €; Kinder 5 – 13 Jahre 3 €, 14 – 17 Jahre 3,50 €, Familien 11 €; Führungen für Gruppen ab 10 Pers (auch im Winter!) ab 13 € **Infos:** Veranstaltungskalender anfordern. Zu Führungen und museumspädagogischen Programmen anmelden

▶ Acht km südwestlich von Büdingen erhebt sich auf einem Basaltsporn hoch über dem Dörfchen *Altwiedermus* die mächtige **Ronneburg.** Wahrzeichen dieses gut erhaltenen Bauwerkes aus dem 13. Jahrhundert ist der 32 m hohe *Bergfried.* Die Burg ist auf dem Stand um 1500 restauriert, Mobiliar und Ausstattung der Räume entsprechen den Gepflogenheiten jener Zeit.

Die Erlebnisburg: Auf der Ronneburg finden rund ums Jahr tolle Veranstaltungen statt, z.B. Kerzen ziehen

Besondere Attraktionen sind der 96 m tiefe *Brunnen* mit dem riesigen Tretrad, das so aussieht, als wäre es immer noch in Aktion, und die große offene Feuerstelle der einstigen *Burgküche,* in der an Besuchertagen eine gewaltige Flamme lodert.

© Christina Marx, Vogelsberg Touristik

Um dies und viele andere Dinge kennen zu lernen, nehmen Sie am besten an der spannenden erweiterten

Auf der Ronneburg schaut man wie durch ein Fenster in die Vergangenheit

Führung teil, die durch die beiden Höfe, die Kemenate mit den Herrenräumen, die auch als Museum fungieren, und den Bergfried führt. Von Letzterem aus wird man mit einem tollen Rundblick in das Ronneburger Hügelland für die Mühsal des Aufstiegs belohnt.

beide © Peter Meyer

Die Ronneburg ist längst zur **Erlebnisburg** geworden. Das Jahres- und ein spezielles Kinderprogramm halten so manches Abenteuer parat: Magie für kleine und große Leute, Mittelalter-Workshops mit Koch- und Bastelkursen, mittelalterliche Märkte und Feste, darunter auch ein großes Ritterfest speziell für Kinder.

E. Schmitt-Burk

Der Flug der Falken

Falknerei Ronneburg, 63549 Ronneburg-Altwiedermus. www.falknerei-ronneburg.de. mail@falknerei-ronneburg.de. **Anfahrt:** ↗ Ronneburg. **Zeiten:** Flugvorführung und Lehrvortrag März – Okt Di – Fr 11, 15 Uhr, Sa 15, 17 Uhr, So 13, 15 Uhr, im Spätherbst nur noch am Wochenende. Für Gruppen zu allen Jahreszeiten nach Vereinbarung. **Preise:** 4,50 €; Kinder 5 – 13 Jahre 3,50 €.

▶ Im Schatten der Burgmauern leben verschiedene Greifvogelarten in Volieren. Sie werden hier gepflegt, gezüchtet und auch wieder ausgewildert. Über die Lebensweise von Falken, Eulen, Adler und Uhus wird anschaulich berichtet. Aber am eindrucksvollsten ist es, die Falken fliegen zu sehen. Alle Termine sind witterungsabhängig!

Rittergelage mit Schwarzbier: Einkehr auf der Ronneburg

Restaurant Ronneburg, Herbert Zinkhan. ✆ 06048/7130, Fax 7534. www.restaurant-ronneburg.de. mail@restaurant-ronneburg.de. **Anfahrt:** Ab Hanau Freiheitsplatz Bus 5904 nach Ronneburg-Altwiedermus, Haltestelle unterhalb der Burg. Zu Fuß eine halbe Stunde bergauf. **Auto:** A66, Abfahrt 40 Langenselbold, ausgeschildert.

Gepflegtes Restaurant mit feiner und deftiger Küche in mittelalterlicher Umgebung.

Mi – So ab 11 Uhr, warme Küche 11.30 – 14, 17.30 – 21 Uhr. Gruppen nach Vereinbarung.

▶ Auf der Ronneburg lädt im Sommer der gemütliche **Biergarten** ein, den Tag bei Ysenburger Schwarz-

€ Paniertes Schweineschnitzel mit Pommes frites und Salat 13 €, Argentinisches Rumpsteak an Pfefferrahmsoße mit Prinzessbohnen und Pommes frites 18,50 €. Großer Salatteller 6 €. Vegetarisch: Paniertes Sellerieschnitzel mit Kräuterdip, Pommes frites und Salat 10,50 €.
Becher Kaffee 2 €, Wasser 4,50 € (0,7 l), Cola, Apfelsaft 3,75 € (0,5 l), Fürst Ysenburger Schwarzbier 8 €, Wein 8,50 € (0,5 l).

© Peter Meyer

Speisen im ehemaligen Pferdestall: Der Marstall bietet heute gediegenes Ambiente

bier und kleinen Speisen ausklingen zu lassen. Bei schönem Wetter kann man hier bis spätabends sitzen. Aber auch zu anderen Jahreszeiten wird Genuss auf der Burg groß geschrieben. Im Inneren der Ronneburg, im Marstall von 1551, bietet das dekorative **Burgrestaurant** mit seinem weiten Blick über Wald und Flur 120 hungrigen Gästen Platz, die sich an der Ritterplatte mit Steaks von Rind, Schwein und Pute (16,50 €), Geschnetzeltem (13 €) oder dem Pilzragout (12 €) laben können. Die Speisekarte bietet Edles wie Lachsragout auf Jasminreis (16 €) und Deftiges wie den Ronneburgtopf (17,50 €), Vegetarier werden in der Kategorie »fleischlos und leicht« fündig. Als Kinderteller wird beispielsweise ein Paniertes Schnitzel mit Pommes und Salat für 8 € geboten. Wem das Restaurant zu fein ist und es lieber etwas stilechter mag, der sollte sich hier zum Landsknechtessen oder Rittergelage anmelden (28 bzw. 38 € pro Pers). Beim Burggrafenmahl (ab 57 € pro Pers) gibt es Minnegesang und Unterhaltung dazu.

Daniela Grosche

KULTUR-TOUREN

Trinkbecher parat halten: Jugendstiltour durch die Kuranlagen

Anfahrt: Von Marburg und Frankfurt mit RE und RB. **Auto:** Von Frankfurt oder Kassel über A5 Ausfahrt 13 Bad Nauheim oder B3, von Osten über B455 oder B275. **Rad:** An der Hessischen Apfelwein- und Obstwiesenroute.

▶ Ein Spaziergang durch Bad Nauheim mit seinen wunderbaren Jugendstilgebäuden, dem großzügigen Kurpark sowie den das Stadtbild prägenden Gradierwerken könnte man als den klassischen Sonntagsausflug schlechthin bezeichnen – insbesondere für diejenigen, die es lieber etwas gemütlicher angehen wollen.

Von der **Bahnhofsallee** aus eröffnet sich dem frisch Angereisten bereits der Blick auf eine der größten geschlossenen Jugendstilanlagen Deutschlands, den **Sprudelhof.** Die prächtigen, U-förmig angelegten Gebäude wurden 1905 – 12 errichtet und liegen auf einer Sichtachse zum ebenfalls im Jugendstil errichteten Bahnhofsgebäude. Die Anlage besteht aus 6 Badehäusern, in denen Kurgäste ein Bad in 33 Grad warmen Mineralwasser genießen können. Badehäuser, Schmuckhöfe und Warteräume sind mit zahlreichen Ornamenten und Dekoren versehen. Den Mittelpunkt des Sprudelhofes bildet der *Große Sprudel,* eine Mineralquelle, die der Sage nach plötzlich in der stürmischen Nacht vom 21. auf den 22. Dezember 1846 ausbrach, ohne dass jemand nach einer Quelle gebohrt hatte.

Wenn Sie den Sprudelhof durchqueren, gelangen Sie über die *Usa* hinweg in den **Kurpark.** Im 19. Jahrhundert von **Heinrich Siesmayer** angelegt, orientiert sich der Park am englischen Vorbild seiner Zeit. Im Gegensatz zu den Parks nach französischem Vorbild mit schnurgeraden Wegen und zu streng geometrischen Formen geschnittenen Pflanzen, wie zum Beispiel pyramidenförmige Buchsbäume, herrschen im englischen Garten eher gewundene Wege vor, Bäume bilden natürlich wirkende Gruppen und Büsche wurden

GENUSSGANG DURCH BAD NAUHEIM

Bad Nauheim Stadtmarketing & Tourismus GmbH, In den Kolonnaden 1, 61231 Bad Nauheim. ✆ 06032/ 9299-20, Fax -27. www.bad-nauheim.de, info@bad-nauheim.de. Mo – Fr 10 – 18, Sa, So und Fei 11 – 16 Uhr.

*Der Landschaftsarchitekt **Heinrich Siesmayer** (1817 – 1900) schuf auch den Palmengarten in Frankfurt am Main.*

Wie der zündende Funke: Der Große Sprudel brachte die Dinge zum Fließen

weniger stark beschnitten, sodass der Eindruck einer ganz natürlichen Landschaft entsteht. Dafür wurde manchmal viel Erde bewegt!

Wenn Sie sich bei einem Spaziergang unter den hohen Bäumen rechts halten, kommen Sie im Norden der Anlage zum *Großen Teich,* an dem auch das idyllische **Teichhaus** mit einem Bootsverleih liegt.
Ist die Einkehr noch nicht so dringend nötig, halten Sie sich vom Bahnhof kommend im Sprudelhof links und gelangen so über *Zu den Sprudeln* und *Zanderstraße* zum **Gradierbau I**, indem sich ein *Inhalatorium* befindet. Angeschlossen ist außerdem der *Keltenpavillon* mit Kneippanlage und Liegewiese. Im Pavillon ist eine Ausstellung zur Geschichte der Salzgewinnung und ein Modell eines keltischen Salzsiedeofens zu sehen.
Auf der anderen Seite der Zanderstraße befindet sich auf gleicher Höhe ein weiteres schönes Beispiel Bad

Tipp: Inhalatorium im Gradierbau I, täglich 10 – 18 Uhr. 2,50 €, ermäßigt 2 €. Kombiticket Inhalatorium & Keltenpavillon 3,50, ermäßigt 3 €.

Lausch-Muschel: In der Trinkanlage horchen Kurgäste auf ihr Innerstes

© Daniela Grosche

beide © Anja Dötsch, Verwaltung der Staatlichen Schlösser und Gärten Hessen

Sehenswert: Die ganze Kuranlage mit ihrem Badehaus und all ihren Details ist ein Gesamtkunstwerk

Nauheimer Jugendstilarchitektur, die **Trinkkuranlage.** Die hufeisenförmige Anlage (1910 – 12) umgibt einen Innenhof mit einer Trinkhalle. An den Seiten befinden sich Wandelgänge, der Blickfang ist natürlich die große Konzertmuschel mit dem davorgelagerten Wasserbecken. Von der Trinkhalle führt ein Weg parallel zur Usa und Zanderstraße zurück Richtung Sprudelhof und Bahnhof.

Wer von der Trinkkuranlage über die Kurstraße noch weiter Richtung Süden spazieren möchte, kommt in den schönen **Südpark,** wo sich der **Gradierbau III** mit dem imposanten *Großen Rad* befindet. Hier haben Sie außerdem die Möglichkeit, im **Café am Ludwigsbrunnen** einzukehren.

Zurück gehen Sie von hier aus entweder so, wie Sie gekommen sind, oder Sie überqueren die Usa und die Zanderstraße und gehen hinter den Klinikgebäuden links Richtung Zentrum zrück.

Daniela Grosche

Tipp: Weitere Informationen und Veranstaltungstipps: www.schloesser-hessen.de

Café am Ludwigsbrunnen, Zanderstraße 15, 61231 Bad Nauheim. ✆ 06032/32150. Täglich 10 – 22.30 Uhr.

Wild auf Waffeln im Teichhaus

Beliebtes Ausflugsziel direkt am Kurteich mit süßen und deftigen Versuchungen.

Im Sommer täglich 11 – 24 Uhr, im Winter Mo – Sa ab 14.30, So ab 11 Uhr.

Nördlicher Park 17, 61231 Bad Nauheim. ✆ 06032/72992, Fax 5617. www.teichhaus.de. **Anfahrt:** Von Marburg und Frankfurt mit RE und RB. **Auto:** Von Frankfurt oder Kassel über A5 Ausfahrt 13 Bad Nauheim oder B3, von Osten über B455 oder B275. Von der Bahnhofsallee links abbiegen, über Ludwig- und Parkstraße, dann rechts in Terrassenstraße bis Nördlicher Park. **Zu Fuß:** Durch den Kurpark Richtung Norden zum Großen Teich.

▶ Das idyllisch am Kurteich gelegene Teichhaus wurde 1780 von Landgraf Wilhelm IX. zu Hessen-Kassel in Auftrag gegeben. Es sollte seiner damaligen Herzensdame als Lustschloss dienen. Bedauerlicherweise war seiner Angebeteten Letztere bereits vergangen, bevor das Gebäude überhaupt fertiggestellt war. So wurde das Teichhaus zunächst vom so genannten Grabenmeister bewohnt, der als Angestellter im Kurbetrieb für die Solegräben und Wasserwirtschaft des jungen Kurbads verantwortlich war. Schon damals wurden hier am Kurteich erste Spaziergänger verköstigt. Nach Abriss- und Sanierungsarbeiten in den 1990er Jahren entstand das Teichhaus, wie man es heute kennt. Und es scheint, als würde das Haus seinem ursprünglichen Zweck doch

Tipp: Das Teichhaus betreibt im Sommer einen **Bootsverleih.** So können Sie sich nach der Einkehr die Kalorien im Tretboot abstrampeln. 6 € pro halbe Stunde.

Schnitzel Wiener Art mit Pommes 8,50 €, Italienischer Salatteller 7,50 €, Leberknödelsuppe 4,20 €, Schinkensülze mit Bratkartoffeln oder Brot 8,50 €, herzhafte Pfannkuchen 5,60 – 7,20, süße Pfannkuchen 3,80 – 4,80 €. Kinder: Schnitzel, Pommes und Salat 6,30 €, Kinderpommes 2,30 €. Vegetarisch: Salate 6,90 – 8,50 €, Brezel mit Butter oder Dip 1,60 – 2,70 €, Handkäs mit Musik 5,20 €.
Tasse Kaffee 1,90 €, Schokolade mit Sahne 2,60 €, Berliner Weiße mit Schuss 2,90 €, Grauburgunder 3,90 € (0,2 l).

© Frank Eckardt, Teichhaus

Schon wieder ein Sprudel: Die Fontäne im großen Teich am Teichhaus ist ein Hingucker

noch gerecht, denn in kulinarischer Hinsicht ist das Teichhaus in jedem Fall ein Lustschlösschen.
»Wir haben keinen Kuchen, weil die Leute wild auf unsere Waffeln sind«, sagt *Frank Eckardt,* Inhaber des Teichhauses, und spätestens beim Blick auf die Speisekarte wird jedem mit einem Faible für süße Sünden klar, dass er hier an der richtigen Adresse ist. Waffeln bietet das Teichhaus in allen Variationen, egal, ob klassisch mit Kirschen oder exotisch mit Kokosnuss (3 €), für einen zusätzlichen Euro gibt es noch eine Kugel Eis dazu. Paradiesisch klingt außerdem die bunte Auswahl an süßen Pfannkuchen: Die Variation Kanada ist mit Ahornsirup gefüllt (3,90 €), wer nicht so weit gehen will, bleibt bei der heimischen Version: Pfannkuchen Ockstadt – natürlich mit Kirschen (4,30 €). Weitere Sorten tragen so weltmännische Namen wie Athena (6,10 €), Italia (5,60 €) und Wetterau (6,10 €) und sind für Freunde der herzhaften Küche gedacht. Darüber hinaus bietet die Speisekarte kleine, aber feine Gerichte wie Dreierlei Handkäs – mit Musik, Knobi- und Kräuterdip

(5,90 €), Nürnberger mit Kraut und Brot (5 €) oder Schinkensülze mit Bratkartoffeln oder Brot (8,50 €). Wer Lust hat, kalte und lange Winterabende in geselliger Runde und gutem Essen zu verbringen, sollte sich im Teichhaus zu einem gemütlichen Fondue- oder Raclette-Essen anmelden. Auch hier fällt die Wahl zwischen Rotweinfondue mit Entenbrust (18,50 €) oder Neuenburger Käsefondue, zwischen Schweizer Ur-Raclette (16,50 €) oder Raclette Schlaraffenland mit Aprikosen und rohem Schinken (14,50 €) schwer. Abgerundet wird ein solches Schlemmen mit einem Glas Grauburgunder (3,90 €) oder Fendant Du Valais (4,90 €).

Im Sommer spielt sich das Leben in dem schönen Biergarten vor dem Teichhaus ab, in dem unter Bäumen und Sonnenschirmen bis zu 500 Gäste Platz finden und dort bis in die Nacht die lauen Sommerabende auskosten können. Für Kinder gibt es einen kleinen Spielplatz.

Daniela Grosche

Tipp: Im Teichhaus finden regelmäßig Veranstaltungen wie Livemusik-Abende, Kinderflohmärkte etc. statt.

Das Teichhaus steht allen offen, aber in manche Gesellschaftsräume dürfen nur Menschen bis 1 m

Mit dem Rad von Glauberg nach Selters

Länge: 19 km, drei Steigungen mit insgesamt 240 Höhenmetern, bis auf kurze Abschnitte geteerte oder betonierte Feldwege. Fahrzeit ohne Pausen 1,5 Stunden. Von Glauburg-Stockheim rund um den Glauberg bis zur Neumühle am Vulkanradweg. **Anfahrt:** Mit RB36 Gelnhausen – Gießen bis Glauburg-Stockheim. **Auto:** A45 bis Abfahrt 39 Altenstadt, dann B521 Richtung Büdingen, nach 2 km L3191 Richtung Glauburg.

▶ Die Tour beginnt am Bahnhof im Glauburger Stadtteil **Stockheim.** Es geht links zum beschrankten Bahnübergang. Dort weist das Radwegschild auf den bestens asphaltierten Feldweg Richtung Glauburg (1,7 km). Der schlängelt sich gut markiert und anmutig durch die **Nidder**-Wiesen. Am Ortsrand weist das hellgrüne Schild Kelten-Straße links auf die bewaldete Kuppe des **Glaubergs.** Wer beim Hochkurbeln den Blick rechts über die Felder schweifen lässt, erkennt bei klarer Sicht die Bankhochhäuser von Frankfurt am Horizont.

Weiter oben teilt sich der Weg, es geht schräg links hinauf zum *Archäologischen Park Glauberg.* Kurz darauf eine **Kreuzung:** Hier bieten sich verschiedene Möglichkeiten an. Schräg links geht es weiter hinauf zum Aussichtsturm sowie zum Plateau mit den Ausgrabungen der ↗ **Glauburg.** Fast geradeaus voraus ist der Tumulus, wo die berühmte Statue des Keltenfürsten gefunden wurde. Wohin Sie sich wenden und was intensiver Betrachtung wert ist, entscheiden Sie selbst. Wichtig ist: Die Route setzt sich von dieser Kreuzung aus rechts runter auf dem kleinen Grasweg fort. Sogleich ist wieder der Teerweg erreicht – bis hinunter nach Düdelsheim kann man sich viel Landluft um die Nase wehen lassen.

Just am Ortsrand von **Düdelsheim** biegen Sie links vor den Häusern ab. Nach nicht einmal 200 m zieht sich der Weg nach rechts zur Durchgangsstraße. Dorthin allerdings nicht, sondern scharf links zurück

*Die **Nidder** ist ein Nebenfluss der Nidda, in die sie bei Bad Vilbel mündet. Sie entspringt wie diese im Vogelsberg.*

und am *Jüdischen Friedhof* vorbei. Der Betonplattenweg gewinnt gemächlich an Höhe, wobei die einzuschlagende Richtung ganz einfach ist: immer geradeaus bzw. dort, wo der Weg abknickt, immer auf dem Betonweg bleiben.

Nach rund 2,3 km endet dieser. Es geht scharf rechts zurück und 100 m auf Schotter, dann führt ein wieder bestens asphaltierter Feldweg links hinauf zur **Kuppe.** Oben rechts, nach 400 m links und sofort wieder rechts runter auf den etwas holprigeren Teerweg. Nach etwa 1,5 km steht man kurz oberhalb von Bleichenbach an einer riesigen Linde. Rechts liegt der Bahnhof, die Route führt aber schräg nach links und auf einer Brücke über die Gleise.

Bei der Neumühle: Nicht erst hier wird's ländlich

© Rolf K. Wegst

Wenig später geht es auf der Durchgangsstraße, der B457, links nach **Bleichenbach** hinunter; die Radwegschilder nach Selters sind bereits zu sehen. Kurz nach der großen Kreuzung also links und dann durch den heimeligen Hohlweg wieder hinüber ins *Niddertal.*

Rund 1,5 km weiter stoßen Sie auf eine große **Kreuzung** mit einer großen Linde. Die Fahrt führt nach rechts und gleich vor der Böschung wieder links runter und das steile Gässchen an der Kirche vorbei nach **Selters** hinein. Unten an der Durchgangsstraße sehen Sie schräg links die *Sprudelstraße* samt dem Hinweis **Neumühle.** Der Weg dorthin ist leicht zu finden. Zur Orientierung: Unterwegs passiert man bereits den **Vulkanradweg,** die Stelle sollte man sich merken, denn auf dem geht es nach der Rast wieder gut beschildert nach Stockheim zurück.

Alexander Kraft

Auf den Spuren der Kelten

Info: ✆ 06041/969550. www.glauberg.de. medschinski@keltenwelt-am-glauberg.de. **Länge:** 7 km Rundwanderung (plus 2 km für den Kulturhistorischen Lehrpfad) mit langem Anstieg auf der ersten Hälfte. **Anfahrt:** RB Niddertalbahn Bad Vilbel – Glauburg-Stockheim bis Bhf Glauberg Mo – Fr, Bus 5150 auch Sa, So, Fußweg 1,5 km bis Keltenfürstengrab, 2 km bis Glauberg-Plateau. **Auto:** Von Büdingen B457, ab Glauburg-Stockheim L3191. **Rad:** Vom Vulkanradweg via Düdelsheimer Straße 1,5 km. **Zeiten:** Keltenfürstengrab und Kulturhistorischer Lehrpfad frei zugänglich, Besucherpavillon Di – Fr 9 – 17, Sa 14 – 17, So 11 – 17 Uhr, Anfang Dez – Anfang Jan geschlossen; offene Führung durch das Grabhügelgelände März – Okt 15 und 16 Uhr.

▶ Die Rundwanderung auf dem *Kulturhistorischen Lehrpfad* beginnt am **Bahnhof Glauberg.** Sie gehen geradeaus auf der **Heegheimer Straße** über die Hauptstraße und steigen dann durch die Felder auf dem Sträßchen **Düdelsheimer Weg** zum 1,5 km entfernten großen Grabhügel des Keltenfürsten auf.

Die Entdeckung keltischer Fürstengräber am Glauberg in den Jahren um 1990 war eine Sensation, doch vor Ort ist nur ein grasbewachsener Hügel zu sehen. Die Funde befinden sich gegenwärtig in auswärtigen Museen, jedoch wird in näherer Zukunft in einem neuen Glaubergmuseum alles vor Ort zugänglich sein. Zu sehen bekommen Sie aber schon jetzt das ausgedehnte System von Gräbern im Umfeld des Grabhügels. Es gilt als ziemlich wahrscheinlich, dass dieser zu einem weitläufigen Tempelheiligtum gehör-

*Mit der Eröffnung des **Vulkanradwegs** 2002 ist das Radeln am Fuße des Vogelsberges auch für konditionsschwächere Menschen möglich geworden. Kein Wunder, dass sich die 93 km lange Strecke von Altenstadt bis Schlitz bei Familien, Skatern und Genussradlern größter Beliebtheit erfreut. Die ehemalige Trasse der Vogelsbergbahn weist eine maximale Steigung von 3 % Prozent auf.*

Tipp: Für jene, die noch ein paar Meter dran hängen wollen: In die andere Richtung führt der **Vulkanradweg** nach Ortenberg, ein Städtchen mit einer bildhübschen Altstadt, aber ohne Bahnhof.

te. Zwei Infotafeln mit Karten liefern die Grundinformationen.

Nachdem die Geheimnisse um den Grabhügel gelüftet sind, geht's ziemlich steil auf dem bewaldeten **Glauberg** bergauf. Oben landen Sie auf einem mit Gras bewachsenen, nach allen Seiten steil abfallenden Plateau, wo es allerhand aus keltischer Zeit und dem Mittelalter zu entdecken gibt. Der Glauberg hat nämlich eine komplexe Geschichte: Nicht nur ein keltischer Fürstensitz befand sich einst hier, sondern im Mittelalter auch eine staufische Burg. Sie können dank der Info- und Schautafeln des Kulturhistorischen Lehrpfades auf einem Rundgang über all das viel erfahren – etwa wo die *Kelten* das lebensnotwendige Wasser (Regenwasser) gesammelt haben. Heute entsteht in diesem kleinen Kessel nach stärkeren Niederschlägen ein Teich. Auch die Schutzwälle, die das Plateau umgaben, sind noch gut auszumachen. Aus der *Stauferzeit* sehen Sie die Burgruine, Reste von Häusern der an die Burg angelehnten Siedlung und die mittelalterliche Zisterne.

Rätsel raten: Rund um Keltengrab und Keltenfürst (rechts) gibt es noch viele Rätsel zu lösen

An mehreren Stellen am Westrand des Plateaus ist die Aussicht sehr gut. Sie können hier nicht nur das Niddertal um Glauburg überblicken, sondern sogar den Stoppelberg bei Wetzlar und den Höllkopf bei Drieberg im Westerwald sehen.

DAS LEGENDÄRE FÜRSTENGRAB

© dzt

▶ Die Kelten trieben Handel mit allen damals in Europa bekannten Völkern, besonders aber mit den Mittelmeerländern. Exporte der Kelten in südliche Länder waren u.a. Honig, Felle, Flachs und Wolle, Salz, Holz und Eisen, aber auch Waffen und Werkzeuge. Aus dem Süden erhielten sie Luxusgüter wie prunkvolle Gefäße, Glas und vor allem Wein. Diese Güter konnten sich natürlich nur die Fürsten leisten, die durch Handel und vielleicht auch Eroberung reich und mächtig geworden waren. Sie hielten sich Krieger und scharten eine Gefolgschaft um sich, die zu Abgaben und Dienstleistungen verpflichtet waren. Diese reichen und mächtigen Fürsten, die in Prunkgräbern beerdigt wurden, gab es vor allem in der frühkeltischen Zeit bis 400 v.Chr.

Hier sind auch die Fürsten vom Glauberg in der Wetterau einzuordnen, von denen man heute mit an Sicherheit grenzender Wahrscheinlichkeit annimmt, dass sie die Salzsiederei in ↗ Bad Nauheim betrieben und mit dem Handel von Salz reich wurden.

Die so genannten Fürstengräber waren aus Holz errichtete Grabkammern, in denen die Toten bestattet wurden. Je nach Reichtum und Bedeutung zu Lebzeiten erhielten sie wertvolle Grabbeigaben wie Schmuck, kunstvoll verzierte Trinkgefäße und Essgeschirr, Waffen und manchmal auch einen vierrädrigen Wagen, mit dem sie bequem ins Totenreich fahren konnten. Über der Grabkammer wurde ein riesiger Hügel aus Erde und Steinen aufgeschichtet, umrandet von einem Kreisgraben. In den Grabhügeln waren meist mehrere, getrennt von einander liegende Gräber, wie es auch auf dem Glauberg vorgefunden wurde. ◀

Eberhard Schmitt-Burk

Dann verlassen Sie das Plateau im Nordosten auf dem *Wanderweg G3* Richtung Wald/Stockheim. Es geht zuerst rechts am Wall entlang, dann mal nach links und wieder nach rechts und danach zur *VHC-Hütte* hinunter. Jetzt wieder zwischen Ackerflächen, halten Sie sich links und beginnen den Abstieg nach **Stockheim.** Sie durchqueren das große Dorf auf der *Bahnhofstraße.* Hinter dem Bahnübergang biegen Sie links in den **Vulkanradweg** ein. Durch Auwiesen geht's zur Nidder hinüber. Linker Hand taucht der Glauberg auf. Da wird klar, dass Sie einen ganz schön hohen Berg bestiegen haben. Der Abschnitt am Bach ist kurz, der Ausgangspunkt **Bahnhof Glauberg** ist nahe.

Eberhard Schmitt-Burk

Regionales mal anders: Die Neumühle zeigt wie

Das etwas andere Ausflugslokal, herrlich untergebracht in einer alten Mühle an der Nidder und direkt an einem der schönsten Radwanderwege Hessens gelegen.

März – Okt, Mo – Fr 13 – 23 Uhr, Sa, So, Fei 10 – 23 Uhr.

Alfred Martini, Sprudelstraße 35, 63683 Ortenberg-Selters, ✆ 06046/958324, Fax 958553. www.neumuehle.info. info@neumuehle.info. **Anfahrt:** Mit ÖPNV sehr umständlich! Bahn bis Bhf Glauburg-Stockheim, Bus VB90 nach Gedern bis Altes Rathaus, umsteigen in Bus FB23 nach Wenings bis Kirche, umsteigen in Bus FB20 nach Selters bis Sprudelstraße. **Auto:** A45, Ausfahrt 38 Florstadt, auf B275 rechts Richtung Büdingen, nach 10 km in Selters links in Sprudelstraße. **Rad:** Direkt am Vulkanradweg Altenstadt – Lauterbach, www.vulkanradweg.de. **Fußweg:** Vom

Wiener Schnitzel 8,90 €, Großer Salat 5,50 €. Kinderteller: 4 Fischstäbchen mit Pommes 4,50 €. Vegetarisch: Saisonabhängige Schmankerl wie Rosenkohl mit Knobi in Öl 3,20 €. Kaffee 1,50 €, Wasser 1,50 € (0,25 l), Bit vom Fass 2,40 € (0,4 l), Wein 3,20 € (0,2 l), Mömbriser Apfelwein vom Fass 2,60 € (0,4 l).

beide © Rolf K. Wegst

Radler willkommen: Wer motorisiert kommt, kann dafür länger sitzen bleiben

Bhf Glauburg-Stockheim zur Nidder, dann Vulkanradweg rechts bis Selters.

▶ Man muss kein Radler sein, um in der Neumühle einzukehren. Aber es gibt nur wenige Lokale in unserer Serie »Ausflüge mit Genuss«, die sich so sehr dafür anbieten. Die Neumühle liegt direkt am Vulkanradweg, der die Erschließung des Vogelsbergs für Pedaleure ungemein gefördert hat. Kein Wunder, dass der Radler dann auch leckere Pasta-Variationen auf der Karte findet wie den Nudelauflauf (5,50 €) oder Nudeln Bolognese (4,60 €). Doch eigentlich ist das nicht charakteristisch für das, was die Crew um *Alfred Martini* serviert – dessen Name dürfte bei Frankfurter Kneipengängern Erinnerungen an den legendären »8. Kontinent« wecken. Im herrlichen Vogelsberg-Vorland verarbeiten sie am liebsten regionale Produkte, und das höchst kreativ. Rosenkohl mit Olivenöl und reichlich Knoblauch beispielsweise dürfte man andernorts vergebens nachfragen. Auch Kartoffelecken als Pommfreds (2,50 €) sind ein einfallsreicher Snack. Das ist typisch für das ganze Angebot, das sich von der auf dem Land sonst üblichen schweren Kost abhebt.

So angenehm anders wie die Karte kommen die Gasträume daher. Sie teilen sich in drei Bereiche.

Für ganz Eilige bietet sich der **Hof der historischen Mühle** an. Schnell einen Mömbriser Apfelwein vom Fass zischen oder mit einem Bit vom Fass den Durst löschen. Reges Treiben herrscht zwischen den Wirtschaftsgebäuden, über das bucklige Kopfsteinpflaster rollen die Räder – und wer sich spontan entschließt, die gerade eben angefutterten Kalorien abzuarbeiten, der kann hier gleich ein Leihrad besteigen. Der Ort aber, an dem die Neumühle zu sich selbst kommt, ist der **Innenraum:** Alternativ angehaucht präsentiert er sich, offen gehen Gastraum und Thekenbereich ineinander über, sogar vom Betrieb in der Küche erhascht man mit einem Blick um die Ecke einen Eindruck. Bei Tischen und Stühlen herrscht ein bunt-kreatives Nebeneinander von allerlei Stilen vor. Darüber kann es schon mal passieren, dass man zum lauschigsten Plätzchen gar nicht vorstößt: Die kleine **Terrasse** direkt über der Nidder, wo das Wasser das alte Mühlenwehr hinab schäumt. Hier hält man es selbst an glutheißen Tagen gut aus, lässt sich Häppchen wie die Brottaschen mit diversen Füllungen schmecken (4,70 €) oder von der Tageskarte überraschen, beispielsweise mit einem großen Spanischen Spieß (mit sehr viel Knoblauch) für 10,50 €.

Alexander Kraft

Tipp: Sie fanden den Tisch, an dem Sie bewirtet wurden, besonders schön? Dann nehmen Sie ihn doch mit! Doch, das geht. Alfred Martini arbeitet alte Möbel auf – weshalb sollte man sie dann nicht auch verkaufen?

FAMILIEN-FREIZEIT

Zu den krausen Bäumchen: Eine leichte Waldwanderung

Länge: 5 km, 2 Std Rundwanderung, bei Anreise mit ÖPNV 30 – 45 Min länger. **Anfahrt:** Bus 531 oder 535 bis Oberursel-Oberstedten Landwehr und 20 Min Fußweg durch den Wald. **Auto:** A661 Bad Homburg/Oberursel, Richtung Bad Homburg und dann bis Oberstedten. Im Ort Hinweisschildern Forellengut folgen.

▶ Diese Wanderung führt mit leichten Steigungen und Gefällestrecken ständig durch den Wald zwischen Oberursel und Bad Homburg. Wegmarkierung **Roter Rehbock.**

Die von **Oberstedten** bis zum Forellengut führende schmale Asphaltstraße (hier letzte Parkmöglichkeit) geht bald in einen Kiesweg über (Obeliskenschneise). An der ersten Weggabelung müssen Sie sich rechts Richtung Saalburg halten. Der Namen gebende Obelisk steht etwas erhöht am Waldrand. Nun folgt mit der **Krausbäumchenschneise** ein langer Abschnitt geradeaus über drei Kreuzungen hinweg. Nach einer Steigung (gut 1 km ab Obelisk) geht es an der vierten Kreuzung wieder nach rechts. Auf einem breiten Kiesweg laufen Sie leicht bergab, bis Sie an der zweiten Kreuzung den Zaun des Hirschgarten-Geländes sehen.

Sie folgen dem Weg weiter geradeaus, das Wildgehege dabei zu Ihrer Rechten. Am Ende des Zauns (1,25 km) wenden Sie sich erneut nach rechts und gehen an der Schmalseite des Geheges entlang (250 m). Wenn Sie am Kiosk oder im **Restaurant des Hirschgartens** keine Rast einlegen wollen, folgen Sie dem Wanderweg über einen Holzsteg hinweg bis zur Asphaltstraße. Sie führt nach rechts wieder leicht bergauf und passiert eine Bushaltestelle und einen Parkplatz (Bus 1/11 bis Bhf Bad Homburg und Gonzenheim, letzte Abfahrt 18.50 Uhr). Hinter der zweiten, an der Straße gelegenen Haltestelle biegen Sie nach links in einen Betonweg ab; dem *König-Wilhelm-Weg* folgen Sie 500 m geradeaus bis zur 2.

FISCH AUF NADELBETT

*Ihren Namen erhielt die **Krausbäumchenschneise** wegen der zahlreichen Bäume gleichen Namens, die die Strecke säumen. Es handelt sich dabei um eine Rotbuchenform, die durch eine Mutation einen besonderen Wuchs zeigt. Zu ihrem Schutz sind die Bäume umzäunt.*

Fühlt sich sicher: Spezialität bei Rolf Herzberger ist Fisch – oder …?

Restaurant Hirschgarten, Elisabethenschneise, 61350 Bad Homburg. ✆ 06172/9976-88, Fax -89. www.hirschgarten-badhomburg.de. dhilgner@t-online.de. Kinderfreundliches, gemütliches Restaurant mit Terrasse. Täglich 11 – 22 Uhr.

Kreuzung. Hier haben Sie **drei Möglichkeiten:** Entweder gehen Sie nach rechts durch die Obeliskenschneise direkt zum Forellengut oder Sie biegen links ab nach Oberstedten zur Bushaltestelle. Sie können außerdem noch ein Stück auf dem ausgeschilderten Wanderweg bleiben, der Sie ebenfalls zum Forellengut führt.

Wenn Sie ihm folgen, sehen Sie linker Hand bald die *Harderts-Mühle.* Biegen Sie rechts ab und gehen an den Gebäuden von *Mühlenhof* und *Hölschersmühle* bachaufwärts. Der im Frühjahr und Herbst gelegentlich morastige Weg schlängelt sich einige Zeit durch den Wald, bis nach rund 1 km wieder das von uns empfohlene **Forellengut** erreicht ist.

Annette Sievers

Forelle gut, alles gut: Forellengut

Rolf Herzberger, Obeliskenschneise, 61440 Oberursel-Oberstedten. ✆ 06172/35119, Fax 689271. **Anfahrt:** S5/U3 von Frankfurt bis Bhf Oberursel. Mit Bus 531 nach Oberstedten, Niederstedter Straße. Zu Fuß dem Hinweisschild Forellengut folgen. Der Weg führt etwa 1 km (20 Min) auf geteerter Straße durch den Wald. Oder U3 bis Hohemark, über die Fußgängerbrücke und beschildertem Weg durch den Wald folgen, 30 Min. **Auto:** A661 Abfahrt 1 Oberursel-Oberstedten. In Oberstedten von der Hauptstraße über Furtweg, Kreuzallee in Obeliskenschneise (rund 22 km). Hinweisschild Forellengut.

Gasthaus mit Gartenwirtschaft mitten im Wald, eigene Fischzucht, Wildschweingehege. Ausgangspunkt für Wanderungen im Homburger Wald.

Sa, So, Fei 11 – 18 Uhr durchgehend warme Küche. Fischverkauf: Mo – Sa 9 – 16 Uhr, So 9 – 11 Uhr.

Schnitzel, Bratkartoffeln, Salat 9,50 €, Forelle Müllerin, Bratkartoffeln, Salat rund 10 €, Große Salatschüssel 4,10 €. Kinder: Schnitzel oder Gulasch mit Beilagen 4,60 €.
Tasse Kaffee 1,60 €, Wasser 1,50 € (0,25 l), Bier 2,10 € (0,3 l), Glas Wein 3,10 € (0,2 l), Apfelwein 1,50 € (0,25 l).

beide © Rolf K. Wegst

Von Tieren versteht man hier was: Sowohl gegrillt als auch gestopft

▶ Das Salat-Dressing hatte ein Gastro-Kritiker schon einmal moniert und eine zeitgemäße Würzmischung empfohlen. Prompt erkundigten sich Gäste nach der Veröffentlichung besorgt beim Wirt, ob er denn etwa sein bewährtes Rezept zu ändern gedenke. Doch *Rolf Herzberger* dachte nicht daran. »Das passt am besten zum Essen, das bleibt so«, entschied der Fischzuchtmeister. Und tatsächlich harmonieren die grünen Blätter mit der Marinade, die an Omas Zeiten erinnert, gut zu Forelle, Karpfen, Schleie oder Aal, zu denen herrlich kross gebratene Kartoffeln gereicht werden (die reichhaltige Portion mit Beilagen für etwa 10 €).

Malerisch mitten im Thuja-Wald zwischen Oberursel und Bad Homburg liegt das Forellengut. Rund 40 Teiche sind um das Haus angelegt, etliche hat der Züchter außerhalb des Areals noch dazu gepachtet. Je nach Jahreszeit variiert der Fischbestand. Bis zu 600.000 Tiere schwimmen durchaus schon mal in den Gewässern – viel Arbeit für den 65-Jährigen, der sich mit Verve um die Fischbrut kümmert. Die Zucht ist Beruf und Hobby zugleich; in den Seen wachsen Fische und Muscheln heran, die beispielsweise zur Renaturierung von Bächen eingesetzt werden. Und Herzberger züchtet seltene Arten wie den Bitterling, einen Karpfenfisch, der vom Aussterben bedroht ist. Eng arbeitet er mit den Naturschutzbehörden zusammen. Angelvereinen liefert er Fische. Die Gaststätte, betont er, sei für ihn nur »Nebenwerb« – deshalb auch die ungewöhnlichen Öffnungszeiten nur an Wochenenden und Feiertagen.

Drinnen in der holzvertäfelten Stube, zwischen präparierten Vögeln, Geweihen und Enten, finden 100 Gäste Platz, draußen auf den Terrassen am Haus gibt es zusätzlich bis zu 150 Sitzplätze. Die Gäste lieben die Küche. Etliche kommen wegen der überaus leckeren schlesischen Fischsuppe (Tasse zu 2,50 €), manche wegen des Wildschweingulaschs (9,50 € mit Beilagen). Andere genießen hier nach der Wanderung die ländliche Beschaulichkeit bei Kaffee und Kuchen. Delikatessen sind die Fische, ob gebraten, geräuchert, gedünstet oder kalt eingelegt (Bratkarpfen). Empfehlenswert die Fischplatte (drei Sorten mit Beilagen ab 10 € pro Person, ab zwei Personen). Zu den Spezialitäten zählt ohne Zweifel der Stör, den Herzberger ebenfalls züchtet. »Für viele aus Osteuropa ist das Gericht ein Stück Heimat«, sagt er. Wer diesen Fisch einmal probieren möchte, sollte anrufen und – vorbestellen.

Genießen Freiheit: Für Kinder gibt es viel zu gucken und zu tun

© Rolf K. Wegst

Und drum herum?

▶ Das Forellengut ist ideal für Familien mit Kindern. Gänse und Hühner laufen frei herum, neben der Gaststätte befindet sich ein Wildschweingehege, Spielgeräte laden zum Herumtollen ein. Die Wirtschaft, die auf der Wanderroute Hohemark/Waldeslust – Hessenpark – Saalburg – Lochmühle liegt, bietet sich als Start und Ziel verschiedener Wanderungen an. Am Parkplatz hat der Taunusklub eine Hinweistafel mit den unterschiedlichen Wanderungen aufgestellt, die mit leichten Steigungen und Gefällestrecken durch den Wald zwischen Homburg und Oberursel führen.

Volker Trunk

Die große Nidda-Tour

Länge: 13,5 km. Höchst – Bonames. **Markierung:** Grüngürtel-Weg. **Anfahrt:** S1, S2 bis Nied oder StraBa 11, Bus 54, 55, 57 bis Bolongaropalast, durch die Amtsgasse zum Main und über die Brücke auf die Wörthspitze.

▶ Die Nidda ist von ihrer Quelle bei Schotten im Vogelsberg bis zu ihrer Mündung bei Höchst in den Main 90 km lang. Der Nidda-Radweg hat mit seinen Schlenkern eine Länge von 120 km. Zwischen Schotten und Gronau ist er mit dem hessischen Fernradweg R4 identisch. In seinem unteren Teil ist er durchgehend als Grüngürtel-Weg mit Fahrradsymbol markiert.

Der **Niddaradweg** beginnt an der **Wörthspitze** in **Nied,** wo das Vogelsbergflüsschen in den Main mündet. Hier befinden Sie sich bereits im Revier des seltenen Grüngürteltiers. Zufällig war es der Zeichner Robert Gernhardt, der das seltsame Wesen 2001 als Erster sichtete und natürlich gleich auf Papier festhielt. Diese Zeichnung ist auf der Wörth-Spitze an einer Stele mitten auf der großen Wiese zu sehen. Wer weiß, vielleicht sehen Sie den Exot während Ihrer Tour noch mit eigenen Augen?

Sie fahren auf dieser Etappe immer dicht am Flussufer, der Weg ist gut ausgebaut und ordentlich markiert. Nachdem Sie Höchst (links) und Nied (rechts) mit der Unterquerung der ältesten noch intakten Eisenbahnbrücke Deutschlands (Taunusbahnbrücke aus rotem Sandstein aus dem Jahr 1838) hinter sich gelassen haben, kommt ein breiter, offener Streifen. Hier öffnet sich bei klarem Wetter ein schöner Blick auf den Taunus mit dem Feldberg. Dann begleitet Sie rechter Hand auf den letzten 900 m vor der Autobahn der *Niedwald.* In diesem Bereich gibt es auch mehrere urwüchsige Altarme. Nachdem Sie das Westkreuz **A5/A648** unterquert haben, beginnt alsbald linker

DER AUSFLUG ZUM GRÜNGÜRTELTIER

Ihm nach: das Grüngürtelzeichen leitet in 75 km rund um Frankfurt

*Die **Wörthspitze** ist eine ehemalige Nidda-Insel, der Flussarm im Osten wurde jedoch zugeschüttet.*

Freibad Brentano, Rödelheimer Parkweg, Hausen. ✆ 069/ 213-39019. www.bbf-frankfurt.de. Im Sommer Mo – Fr 10 – 20, Sa, So sowie Ferien täglich 9 – 20 Uhr. 3,50, erm. 2,50, Familien 8 €.

Restaurant Römerschänke, Hadrianstraße 48, 60439 Heddernheim. ✆ 069/ 95115333. Mo – Fr 15 – 24, Sa, So und Fei 12 – 24 Uhr.

Ideale Lebensbedingungen für Grüngürteltiere: Die renaturierte Nidda

Hand Rödelheim, rechts liegt der Biegwald. Kurz danach führt der Niddaradweg über eine große Flussinsel, die von den mächtigen Bäumen des **Solmsparks** bedeckt ist. Nördlich davon geht es ganz kurz in den anschließenden *Brentanopark.* Über ein Inselchen wechseln Sie auf das nördliche Niddaufer, an dem Sie bis Heddernheim bleiben. Die Route führt kurz darauf, während Sie das **Brentanobad** rechts liegen gelassen haben, an einem tollen Spiel- und Bolzplatz entlang. Kurz danach unterqueren Sie dicht hintereinander die **U6** und den **Autobahnzubringer A66.** Danach wird es bald wieder ruhiger. Es kommt jetzt ein landschaftlich sehr interessanter Abschnitt, denn auf den nächsten 2 km kommen Sie direkt an zwei urigen Altarmen vorbei. Dann geht es über die **Praunheimer Brückenrampe,** bevor Sie ein letzter, urwaldhafter Altarm ein Stück begleitet. Anschließend führt die Route an einem großen öffentlichen Fußballplatz vorbei und unterquert die **U1.** Am Ufer zieht sich jetzt ein beliebtes Freizeitgebiet entlang mit Liegewiesen, Grillplatz, Minigolfplatz, Spielplatz und dem **Res-**

© Peter Meyer

© Peter Meyer

taurant Römerschänke – eine weitere Gelegenheit für eine Unterbrechung der Radtour. Direkt hinter dem Erholungsgebiet erreichen Sie **Heddernheim,** die Römerstadt, die in den 1920er Jahren nach den Vorstellungen des Architekten und Stadtplaners *Ernst May* erbaut wurde. Der Niddaradweg führt nun bis zur ↗ **Maybachbrücke** (Anschluss an die »leichte Niddatour«) am Nordende der Besiedlung an Schrebergärten entlang. Nach der Brücke kommen Sie am **Freibad Eschersheim** vorbei, wo der Radweg auf das östliche Ufer wechselt. Direkt am Fluss radeln Sie nun entlang von Wiesen, Feldern und Obstbäumen in Richtung Bonames. Sie unterqueren die **A661** und strampeln weiter, bis Sie zu einer modernen Betonbrücke kommen, die Sie auf das linke Ufer der Nidda bringt. Hier werden Sie von Robert Gernhardts **Grüngürteltier** begrüßt! *Dasinus frankonia,* so sein lateinischer Name, hält sich gern in Ufernähe auf, denn der Molch in ihm schwimmt gern und gut. Seine Wutzgene lassen ihn im Unterholz wühlen, während der Star in ihm gern von Ast zu Ast hüpft.

Süß und handzahm: Das Grüngürteltier

Das ***Grüngürteltier,*** *eine Kreuzung aus Molch, Wutz und Star, stammt aus der Feder des Zeichners und Dichters Robert Gernhardt (1937 – 2006), der damit das Projekt Grüngürtel unterstützen wollte. Sein Fabeltier repräsentiert nicht nur alle Naturbereiche – Wasser, Wiesen, Bäume –, sondern informiert unter www.gruenguerteltier.de über seine Lieblingsspeise – Grüngürtel-Spenden …*

Freibad Eschersheim, Alexander-Riese-Weg, ✆ 069/213-32153. www.bbf-frankfurt.de. Täglich 10 – 20 Uhr. 3,50, ermäßigt 2,50, Familien 8 €.

Dasinus scheint jedoch flugunfähig zu sein, denn er hockt seltsam starr auf seinem Platz. Vor sich sehen Sie nun das Gelände der ehemaligen *Maurice Rose Airfields* in **Bonames**, wo sich linker Hand in einem Flachdachgebäude das **Tower-Café** befindet.

Eberhard Schmitt-Burk, Annette Sievers

Gut gelandet im Tower-Café

Werkstatt Frankfurt e.V., Am Burghof 55, 60437 Frankfurt-Bonames. ✆ 069/950485-0. Fax -22. www.tower-cafe.de. Servicebetriebe@werkstatt-frankfurt.de. **Anfahrt:** U2 Richtung Bad Homburg-Gonzenheim bis Kalbach. Durch den unteren Kalbacher Weg bergab bis rechts der Flughafen ausgeschildert ist. Bus 27 bis Nordpark. **Auto:** A661, Abfahrt 5 Bonames/Kalbach. Flughafen ausgeschildert. Aus Ffm-Nordend oder Ffm-Bornheim über Homburger und Bonameser Landstraße. **Rad:** Entlang der Nidda.

Originelle Regionalküche in ungewöhnlicher Umgebung mit viel Freiraum für ungewöhnliche Spiele.

Mo – Fr 11 – 23, Sa 10 – 23, So und Fei 9 – 22 Uhr.

*Die **Werkstatt Frankfurt e.V.** ist ein Arbeitslosen-Projekt, das vom Recycling bis zur Landschaftspflege eigene Betriebe unterhält und Dienstleistungen anbietet.*

▶ Der Name Tower-Café stimmt eigentlich nicht mehr, erklärt aber den Ursprung dieses Ausflugslokals, das zu den Betrieben der **Werkstatt Frankfurt** gehört. Begonnen hat die Gastronomie als kleines Café im ehemaligen Towergebäude des US-Hubschrauberlandeplatzes in Frankfurt-Bonames. Das Tower-Café ist inzwischen weit mehr als ein Café und in dem kleinen Towergebäude ist es auch nicht mehr untergebracht, sondern in dem viel größeren ehemaligen Hangar. 90 Sitzplätze gibt es drinnen. Draußen, direkt neben der alten Landebahn, stehen sechs Meter lange Tische aus Fichtenholz, an denen 240 Gäs-

Putenbruststeak 10,50 €, Rumpsteak 14,50 €. Besondere Kuchen, am Wochenende Frühstück bis 12 Uhr. Kinder: Gerichte ab 3,80 €. Vegetarisch: Tower-Burger 6,50 €. Wasser 1 € (0,2 l), Apfelsaft 1,80 € (0,2 l), Bier 1,90 € (0,3 l), Apfelwein 1,50 € (0,25 l).

beide © Rolf K. Wegst

Alles Roger: Im Tower wird heute gekocht und gebrutzelt, der Flughafen ist begrünt – ob das der Fraport vielleicht auch mal blüht?

te Platz finden. Direkt daneben wurde eine Boule-Bahn angelegt.

Die besondere Attraktion für Kinder ist die alte Rollbahn, auf der sie vor den Augen der Eltern Radfahren und Inlineskaten üben können. Hinter der Landebahn schließen sich die naturgeschützten Nidda-Wiesen an, die Nidda selbst ist auch in Sichtweite. Gerade wegen der alten Flugplatzanlage und kühlen Halle in Blechfassade ist das Tower-Café ein kontrastreiches Fleckchen inmitten eines Naturschutzgebietes und hat dadurch seinen ganz besonderen Charme. Das Restaurant im Innern hat seinen Hallencharakter behalten. Eichenholzdielen und Holzmobiliar geben dem hohen Raum Wärme, Aquarien beleben es. Die lockere Bestuhlung und das große Freigelände machen den Tower zum idealen Ausflugsziel für Familien. Platz zum Toben gibt es reichlich. Zugänge und Toiletten sind behintertengerecht.

Die **Küche** ist regional geprägt. Fleisch und Wurst kommen von einem Metzger aus Bonames, Brot von einer Bäckerei aus Frankfurt-Kalbach, Bio-Säfte aus Frankfurt-Niederrad. Spezialitäten sind der vegetarische Tower-Burger (6,50 €) und der Odenwälder Rohmilch-Handkäse, der fast so cremig wie Camembert ist. Für Radfahrer werden eigens Stullen ab 2,50 €

Soweit ist die Nidda noch nicht: Sie gehören zum Inventar des Tower-Cafés

© Rolf K. Wegst

(zwei Scheiben) als Proviant geschmiert. An der Vitamin-Bar werden sechs verschiedene Obst- und Gemüsesäfte (0,2 l zu 3,60 €) frisch gepresst. Das Obst kommt aus dem Taunus. Standard-Frühstück gibt es ab 3,80 €, für 12,50 € sind Lachs, Saft und ein Ei dabei. Die Tageskarte wechselt wöchentlich und bietet von Matjes-Tartar bis Knödel mit Pfifferling-Ragout saisonale Gerichte zu vernünftigen Preisen. Suppen gibt es ab 3,50 €. Bei den Getränken machen die elf verschiedenen Teesorten zu maximal 2,50 € – nicht aus dem Beutel – einen Schwerpunkt aus. Ein Familienausflug lohnt sich in jeder Hinsicht.

Naturschule Hessen gGmbH, Geschäftsstelle: Eichendorffstr. 16, 63477 Maintal-Dörnigheim, ✆ 06181/90809-36, Fax -37, www.naturschule-hessen.de, kontakt@naturschule-hessen.de.

Feuerwehrmuseum, in der Nähe des Tower-Cafés. 1. und 3. So im Monat 14 – 18 Uhr, Erw. 3, Kinder bis 14 Jahre 1 €.

Rund um den alten Flugplatz

▶ Die **Naturschule Hessen**, die ebenfalls in den ehemaligen Flughafen-Gebäuden untergebracht ist, bietet für Kinder und Eltern geführte Spaziergänge durch das Naturschutzgebiet, das zum Frankfurter Grüngürtel gehört, an. Auch Floßfahrten auf der Nidda mit zuvor selbst gebauten Flößen zählen zum Kinderprogramm. Das Tower-Café veranstaltet in unregelmäßigen Abständen **Nachtflohmärkte.** Die Termine können im Internet abgerufen werden.
Das Café kann man zudem für Feste und geschlossene Gesellschaften mieten.

Cornelia Färber

MÜHLEN & BÄCHE

Mühle
Abendessen
Betriebsfeste bis 70 Pers.
bitte vorzeitig anfragen.-

Radeltour durch den Taunus zur Roten Mühle

Länge: 15 km, Fahrzeit 2 Std. **Anfahrt:** Ab Frankfurt Hbf Hessische Landesbahn (HLB) bis Königstein. **Rückfahrt:** HLB ab Schneidhain oder Königstein, halbstündlich – stündlich.

▶ Die mittelschwere Tour beginnt und endet am Bahnhof Königstein und führt über Schneidhain. Im ersten Abschnitt geht es fast nur bergab, der Rückweg zwischen dem Ausflugslokal *Rote Mühle* und Schneidhain verläuft ein ganzes Stück bergauf. Daher für nicht so geübte Radler zwei Tipps: Wer mit öffentlichen Verkehrsmitteln unterwegs ist, lässt die Tour an der Roten Mühle enden, fährt weiter nach Kelkheim und tritt von dort den Heimweg mit der Regionalbahn an. Die andere Alternative besteht darin, die Tour an der Roten Mühle (Zufahrt von der B8 bei Kelkheim) zu beginnen und erst das Stück bergauf in Angriff zu nehmen. Wenn die Beine schon etwas müde sind, kann man es auf dem Rückweg ab Schneidhain einfach rollen lassen.

Vom **Bahnhof Königstein** halten Sie sich parallel zur Bahn in Richtung Burg. Beim ersten beschrankten Übergang überqueren Sie die Gleise und fahren weiter an der Zugstrecke entlang durch den *Forellenweg* und das **Tal des Liederbachs** an einer Unterführung vorbei. In dem lieblichen, breiten Wiesental vereinigen sich Rombach und Liederbach. Es lässt den 431 m hohen Königsteiner Burgberg, der jetzt hinter Ihnen liegt, umso höher erscheinen. Der Weg ist mit einem **Blauen Querbalken** markiert. Der Liederbach entspringt in Schneidhain und fließt bei Hochwasser rasch die 14,5 km bis Höchst, wo er teilweise in Röhren versteckt in den Main mündet. Bei lange ausbleibendem Regen fällt der Bach schnell trocken.

Nach einer weiteren Gleisüberquerung an einem signalgesicherten Übergang geht es nach 50 m nach links auf den *Bangertweg* bis **Schneidhain.** Der Weg *An den Eichen* führt hier eine Zeit lang am Ortsrand

Abseits vom Trubel: In der Roten Mühle findet sich auch immer ein stilles Plätzchen

vorbei und schließlich in den Wald. Nach etwa 600 m nehmen Sie an der ersten großen Gabelung den halblinken Weg, der bald die Straße zum Rettershof kreuzt. Der Abstecher zu dem großen Gestüt lohnt sich, deswegen sollten Sie ihn trotz der sanften Tal- und anschließend weniger sanften Bergfahrt auf sich nehmen.

Tipp: Ein halbstündiger Rundweg führt um das Gelände des **Rettershofs** herum.

Der **Rettershof** war ehemals ein 1149 gegründetes Prämonstratenserkloster, das von Nonnen bewirtschaftet wurde. Bis zum 15. Jahrhundert taten sie dies auf ausgedehnten Ländereien mit großem Erfolg, doch Pest- und Dürrezeiten sowie Kriege führten zum Niedergang. 1559 mussten die letzten drei Ordensfrauen schließlich das Anwesen räumen, das fortan mal im privaten, mal im staatlichen Besitz war. Zu der stattlichen Anlage gehören neben einem **Schlosshotel** ein öffentlicher **Reitstall** und ein **Gutshof.** Man betritt das schön restaurierte Anwesen durch einen bunt bemalten Torbogen; der Innenhof wird von mehreren Fachwerkgebäuden eingefasst, in denen Scheunen und Stallungen liegen. Auch die Gebäude der **Gaststätte Zum fröhlichen Landmann** gehörten ehedem zum Hofgut dazu.

Schlosshotel Rettershof & Restaurant Le Duc, Mo – Sa und Fei 12 – 14 und 18.30 – 22, So Ruhetag. ✆ 06174/2900-0, www.schlosshotel-rettershof.de.

Landgaststätte Zum fröhlichen Landmann, am Rettershof, ✆ 06174/21541, Mi – Mo 11 – 23 Uhr. Spielplatz vor dem Haus, Biergarten.

Vom Rettershof geht es anschließend auf dem Wanderweg mit **Grünem Querbalken** Richtung Osten aufwärts zur B455, die Sie überqueren müssen. Hinter der Bundesstraße geht es auf dem Waldweg **R7** geradeaus, bis Sie hinter einer Schranke auf einen Asphaltweg nach links einbiegen. Sie passieren zwei *Wasserwerke,* überqueren die Gleise der Königsteinbahn und wenden sich dahinter nach rechts. Bleiben Sie auf dem Radweg R7 rechter Hand. Sie radeln nun 1,6 km durch das *Braubachtal,* ein Seitental des Liederbachs. Diesen erreichen Sie an einer Spitzkehre nach links und folgen ihm bachaufwärts bis nach etwa 500 m ein beschilderter Pfad rechts zur **Roten Mühle** abzweigt.

Für den **Rückweg** nehmen Sie zunächst die gleiche Route: 500 m bis zur Spitzkehre unter den Hoch-

spannungsmasten, nach rechts dem R7 durchs Braubachtal folgen und bis **Schneidhain** fahren. Hinter dem Friedhof gelangen Sie dort auf die B455 (2 km ab Spitzkehre), die Sie knapp 50 m nach rechts fahren und dann Richtung Bahnhof überqueren.

Wer noch Puste hat, fährt über Blumen- und Wallstraße bis zum Bangertweg vor und folgt dort der Beschilderung nach Königstein quer über das **Liederbachtal**. An der schon vom Hinweg bekannten Unterführung kreuzen Sie die Bahnlinie und lassen sich von ihr nach rechts zum **Bahnhof Königstein** leiten.

Wer aber immer noch Puste hat, kann nach dem Überqueren der Bahnlinie auch links dem beschilderten Weg durchs idyllische *Woogtal* und den schönen Kurpark zur **Altstadt und zur M Burg** hinauf wagen. Selbst Konditionsstarke hat man hier schon ihr Rad schieben gesehen, also schämen Sie sich nicht, es ebenfalls zu tun! Die Abfahrt auf der anderen Seite der Stadt zum Bahnhof ist ebenfalls sehr steil, was für Kinder schwierig zu meistern ist.

Annette Sievers

Schnauf: Der Weg vom Bahnhof oder dem Kurpark bis ganz hinauf zur Burgruine ist beschwerlich, aber er lohnt – Sie wissen schon: Aussicht droht

M Burgruine Königstein, Nov – Jan Fr 12 – 16 Uhr, Sa, So 9 – 16 Uhr, Feb, März und Okt täglich 9.30 – 16.30 Uhr, April – Sep täglich 9 – 19 Uhr; Einlass bis 30 Min vor Schluss. Erw 2, Kinder 1 €, Gruppen ab 10 Pers 1 bzw. 0,50 €.

Idyllische Labsal am Liederbach: Landgasthof Rote Mühle

Von Streuobstwiesen und Wald umgebener Landgasthof, viel Raum für Kinder, Wanderer und Ruhe Suchende.

Fred Schlieper, Rote Mühle 1, 65812 Bad Soden-Altenhain. ✆ 069/615999 (Inh.), 06174/3793, Fax 931155. Rote-Muehle@t-online.de. **Auto:** An der B519 Richtung Königstein, Parkplätze vorhanden. **Rad:** Vor Ort ausgeschilderter Radweg, Kelkheim 3 km, Schneidhain 2,4 km.

Mo – Fr 12 – 24 Uhr, Sa und So 11 – 24 Uhr. Im Winter bei besonders widriger Witterung Mo Ruhetag.

▶ Der Landgasthof Rote Mühle liegt mitten im Wald direkt am murmelnden Liederbach. Außer zwitschernden Vögeln und Kinderrufen ist kaum etwas zu hören, lediglich ab und an der Pfiff der Königsteiner Eisenbahn. Umgeben von einem Fachwerkensemble sitzen Gäste im schattigen Sommergarten, an den sich ein kleiner Kinderspielplatz direkt anschließt. An schönen Sommerwochenenden kann es eng und laut werden, wenn die vielen Ausflügler, Radler und aufgedrehte Kinder kommen und gehen. Im Herbst ist die Luft vom Duft der Äpfel erfüllt.

Die Mühle wird manchmal auch noch *Beidenauer Mühle* genannt, da sie ungefähr dort liegt, wo einst das Hofgut Beidenau lag. Es gehörte zum ↗ Kloster Retters und wurde mit diesem seit dem frühen 12. Jahrhundert in Urkunden erwähnt. Schließlich wurden Hofgut und Weidegrund von den Ordensfrauen immer wieder verpachtet. Der Untergang des Klosters im 16. Jahrhundert bedeutete auch den Niedergang des Hofgutes. Die Rote Mühle hat den Namen später wieder aufgegriffen.

Deutsche Gemütlichkeit: Biergartenstühle sind ja eigentlich nie bequem – gemütlich ist es hier aber doch

© Rolf K. Wegst

Dort werden die hessisch-deftigen Gerichte draußen auf dicken, mit Holzbrettern belegten Fässern serviert, zum Beispiel die Hausspezialität: Hes-

sischer Wurstsalat, Bauernbrot 6,50 €. Im Winter ist im Haus Platz für 60 Gäste.

Bewegungsfreudige können sich an Wanderungen auf ausgewiesenen Taunusklub-Wegen, zum Beispiel ins Altenhainer Tal, ergötzen. Möglich ist auch ein Abstecher hinüber zum historischen Schauplatz der Kämpfe gegen Straßenbau am Damm der B8.

Christine Vaternahm

Bembelige Herzlichkeit: Was Wirt Fred Schlieper am meisten ausschenkt, ist ja wohl eindeutig

€ Schnitzel Wiener Art, Bratkartoffeln, Salat 8,80 €, Großer Salat, Shrimps, Oliven, Baguette 7,90 €. Kinderteller: Thüringer Bratwurst, Bratkartoffeln 3,30 €. Vegetarisch: Austernpilze in Rosmarinbutter gebraten, Baguette 8,50 €, Grüne Soße, Eier, Bratkartoffeln 7,50 €. Blechkuchen ab 2,30 €.

Kännchen Kaffee 3 €, Wasser 2 € (0,25 l), Apfelwein 2,70 € (0,5 l), Bembel pro Liter 5,30 €, Weine aus Deutschland, Italien, Frankreich 2,60 – 3,30 €.

© Rolf K. Wegst

BACH-ERKUNDUNG MIT MÜHLEN-EINKEHR

Auf schmalen Pfaden zur Erlenbachquelle

Länge: 1 Std. **Anfahrt:** Taunusbahn oder Bus 502, 513, 514 nach Neu-Anspach. Von dort zu Fuß 2 km den Hinweisen Wintermühle oder Talmühle folgen. Vom Freilichtmuseum Hessenpark (Bus 514) zu Fuß (20 Min) oder per Rad über Feldwege. **Auto:** B275 Usingen-Wiesbaden, in Neu-Anspach in Feldbergstraße, Abzweigung Zur Wacht, Wintermühle/Talmühle ausgeschildert.

▶ Diese leichte Wanderung führt Sie zur Quelle des Erlenbachs am unteren Nordhang des Sandplackens.

Sie starten Ihre Wanderung vom Parkplatz der Talmühle im **Stahlnhainer Grund.** Die Quelle des Erlenbaches liegt 560 m hoch und heißt korrekt *Mückenborn.* Um dort in den Genuss des klaren Wassers zu kommen, müssen Sie 160 m Höhenunterschied überwinden. Dazu brauchen Sie nur gutes Schuhwerk und eine Stunde Zeit. Auf eine Wanderkarte können Sie verzichten, schließlich gehen Sie immer bergauf und entlang dem Bach.

Vorbei an idyllischen Wochenendhäusern laufen Sie in den Wald, nur wenige Meter vom **Erlenbach** entfernt, der zu einem Bächlein schwindet. Einst führte der Bach mehr Wasser, aber Wasserstollen beidseits des Taunuskamms haben den Bach fast trockengelegt. Der Trampelpfad führt Sie erst links und nach dem Eingang zum Wasserstollen rechts des Baches zu einer kleinen **Lichtung** mit Erlen und Fichten am Rand. Hier sucht man vergeblich nach einem Hinweisschild oder einer Wegmarkierung, doch solange es aufwärts geht, sind Sie richtig. Sie erreichen einen festen Weg, der nach wenigen hundert Metern im spitzen Bogen nach links kehrt. Vorbei an einem **Tümpel** folgen Sie nun dem steilen Trampelpfad, der mehrfach das Bachbett kreuzt. Während Sie ins Schwitzen geraten, wird der Erlenbach immer kleiner, bis Sie schließlich vor seiner **Quelle,** die direkt an der Wurzel einer Buche aus der Erde tritt, stehen. Wenn

Es klappern die Teller am rauschenden Bach: In der Talmühle

Sie die absolute Stille an diesem Platz genossen haben, die nur durch Vogelgezwitscher unterbrochen wird, gehen Sie entweder denselben Weg zurück oder folgen der Straße etwas unterhalb der Quellen zurück zu den Stahlnhainer Mühlen, wo Sie sich auf die Einkehr in der ☒ **Talmühle** freuen können.

Peter Gwiasda & Daniela Grosche

Mit Apfelwein in die Eisenzeit: Einkehr in der Talmühle

Ruhig gelegenes Gasthaus mit angeschlossener Landwirtschaft in der Nähe des Freilichtmuseums Hessenpark. Schlacht- und Wildessen im Herbst und im Winter.

Mi, Do ab 11.30, Fr ab 16 – 23.30 Uhr, Sa, So ab 10.30 Uhr, jeweils – 23.30 Uhr. Mo, Di Ruhetag.

Wolfgang Rühl, Heidelore Priester, Stahlnhainer Mühlen, 61267 Neu-Anspach. ✆ 06081/8305. **Anfahrt:** Taunusbahn oder Bus 502, 513, 514 nach Neu-Anspach. Von dort zu Fuß 2 km den Hinweisen Wintermühle bzw. Talmühle folgen. **Auto:** B275 Usingen-Wiesbaden, in Neu-Anspach in Feldbergstraße, Abzweigung Zur Wacht, Wintermühle/Talmühle ausgeschildert. Frankfurt-Innenstadt bis Talmühle 36 km. **Rad- und Fußweg:** Vom ↗ **Hessenpark** (Bus 514) zu Fuß (20 Min) oder per Rad über Feldwege.

▶ Im Stahlnhainer Grund, in dem der Erlenbach an der Talmühle vorbei in Richtung Nidda fließt, glühten Menschen vor 700 Jahren in **Rennfeueröfen** den *Raseneisenstein*, der vor Ort gefördert wurde. Später wurde das Eisen in wassergetriebenen Hammerwerken geschmiedet, erst später spezialisierte man sich in den Mühlen auf das Zerkleinern von Getreide. Heute erinnert nur noch der Name an die vorindustrielle

*Das Rennfeuer ist das älteste Verfahren zur Verhüttung von Eisenerz. Ein **Rennfeuerofen** besteht aus einem Lehm- oder Steinschacht mit einer Luftzufuhr, in den das Brennmaterial und Eisenerz gefüllt wird. Im Schacht bleibt nach der Verbrennung das Eisen zurück, in die darunter liegenden Grube rinnt (daher der Name!) die Schlacke.*

€ Schweineschnitzel, Kartoffeln, Salat 8 €, Salatteller mit Schinken, Ei und Käse 5 €, Lendensteak, Kräuterbutter, Kartoffeln 14,40 €. Seniorenteller: Hacksteak, Kartoffeln 5,20 €, Speck, Eier, Kartoffeln 5,80 €.
Tasse Kaffee 1,60 €, Wasser 1,50 € (0,2 l), Apfelsaftschorle 1,60 € (0,3 l), Bier 1,90 € (0,3 l), Apfelwein 1,20 € (0,25 l), Rotwein 2,80 € (0,2 l).

Zeit. Im schattigen Biergarten der Talmühle geht der Blick über Wiesen und Koppeln, die umsäumt sind von alten Bäumen. Edle Rösser sieht man in dem Tal mitunter häufiger als Menschen.

Seit 105 Jahren ist das Gasthaus in Familienbesitz, die beiden Inhaber sind Geschwister. Was das freundliche Personal im 120 Plätze zählenden Gasthaus serviert (im Biergarten haben noch mal 100 Leute Platz), ist lecker und von guter Qualität.

beide © Rolf K. Wegst

Ideale Einkehr: In der Talmühle herrscht eitel Freude und Sonnenschein

Die Portion Tartar zum Beispiel mit Ei, Butter und Brot (6,20 €) hat noch jeden müden Wanderer wieder auf die Beine gebracht. Handkäs (3,80 €), Presskopf (4,40 €) oder leckere Eiergerichte finden sich ebenfalls auf der Karte. Sehr beliebt – nicht nur bei Senioren – sind die Gerichte mit wunderbar zartem Schnitzel, Hacksteak oder Kotelett. Hervorragend passt zu der guten, bodenständigen Küche der selbst gekelterte Apfelwein. Dass die Restauration gern auch für Familienfeiern gebucht wird, verwundert nicht. Dafür gibt es dann einen eigenen Raum für bis zu 45 Personen.

Volker Trunk

Abstecher zum Hessenpark

Wie haben unsere Vorfahren auf dem Land in einer Zeit gelebt, als es kaum Maschinen, kein fließendes Wasser und keinen Strom gab? Auf einen Rundgang über das Gelände dieses großen Freilichtmuseums erhält man Antwort. In fünf Baugruppen wurden mehr als 85 Originalgebäude aus unterschiedlichen hessischen Regionen (wieder)errichtet und ihrer Zeit entsprechend mit Möbeln und Werkzeugen bestückt: Zum großen Teil sind es Wohnhäuser, aber auch ein Feuerwehrhaus, ein Postamt sowie mehrere Scheunen und Dorfkirchen, auch eine Synagoge ist darunter. Wie für viele hessische Dörfer typisch, überwiegen die Bauten im Fachwerkstil.

Im Eindachhof (Baugruppe H – Lahn-Dill-Ohm), der aus dem nordhessischen Heskem hierher verpflanzt wurde, ist beispielsweise eine alte Herdstelle samt Gerätschaften zu sehen. Im Haus aus Runkel-Schadeck (Baugruppe A – Marktplatz) wurde ein Laden eingerichtet, der das typische Sortiment eines Krämers aus den 1950er Jahren zeigt – mit Lebkuchen in Blechdosen, einer Waage zum Abwiegen loser Ware wie Mehl und Erbsen oder bauchigen Bonbongläsern. Interessant sind die Werkstätten, die sich über das ganze Gelände verteilen: In regelmäßigen Vorführungen zeigen Blechschmied, Korbmacher, Bäcker, Küfer oder Blaufärber handwerkliche Arbeitstechniken, wie sie noch vor wenigen Generationen allgegenwärtig waren.

Eberhard Schmitt-Burk

M Freilichtmuseum Hessenpark, ✆ 06081/5880, service@hessenpark.de. März – Okt täglich 9 – 18, Nov – Feb 9 – 17 Uhr, Einlass bis 1 Std vor Schließung. Preise: 5 €, Kinder 2,70 €. Mehr als 100 Gebäude bieten einen guten Überblick über die ländliche Entwicklung Hessens. Die Talmühle liegt 1,8 km östlich, auf mit Schwarzem Hufeisen markierten Wanderwegen leicht zu erreichen.

BERG & TAL

© Peter Meyer

Der Lohrberg und der Apfelwein: Eine Ortsbegehung

Anfahrt: Bus 30, 69 Heiligenstock, Bus 43 Budge-Altenheim. **Auto:** Parkplatz am Parkeingang Berger Weg.

▶ Man muss nicht unbedingt in den Taunus, um ein wenig Höhenluft zu schnuppern. Dazu braucht man nur den Lohrberg im Nordosten Frankfurts zu besteigen und genießt dann aus 190 m Höhe einen tollen Blick auf die Skyline Mainhattens und bei guter Sicht bis zu den Spitzen des Odenwalds. Die Überraschung gelingt fast immer, wenn Sie mit Ihren Gästen vom Parkplatz her den Hauptweg hinunterspazieren und sich am Rand des Lohrbergs schließlich diese grandiose Sicht auftut, die am Abend durch das Lichtermeer etwas Unwirkliches bekommt.

Sehr schön ist auch der kurze Fußweg auf den Lohrberg, da man sich so die Einkehr in die Lohrbergschänke noch besser verdienen kann:

In **Seckbach** führt zwischen dem *Budge-Altenheim* und den *Schulen des Deutschen Buchhandels* ein Weg, der Klingenweg, in zehn Minuten zum Lohrberg hinauf. Nach etwa 500 steilen Metern geht es hinterm Streuobstzentrum **MainÄppelHaus Lohrberg** nach links ab (Auf dem Lohr). Das Haus ist Informations- und Begegnungsstätte zu allen Themen rund um Streuobst und Gartenpflege. Die Kleingärtner aus den umliegenden Schrebergärten lassen sich hier beraten, und Sie können sich hier fürs Picknick rasch noch was Frisches pflücken. Denn in der Versuchs- und Beispielobstanlage gedeihen rund 400 Obstbäume, davon 100 Apfelsorten, nach ökologischen Prinzipien. Einfach kaufen, statt pflücken, geht natürlich auch.

Am Südhang des Lohrbergs wird übrigens der letzte **Frankfurter Traubenwein** kultiviert. Zwar gab es auch schon zu Zeiten Karls des Großen Obstwein aus Äpfeln, doch hatten die Traubenweine die größere wirtschaftliche Bedeutung. Nicht nur für den höfischen Bedarf wurde produziert, reichlich Abnehmer

DER HAUSBERG DER FRANKFURTER

Beratungsgarten Lohrberg, www.mainaeppelhaus-lohrberg.de: Beratung Mo – Do 8 – 15 Uhr, März – Okt Mi bis 18 und jeden 1. Sa im Monat 9 – 13 Uhr. Viele Veranstaltungen, Naturführungen und besondere Führungen für Kindergärten und Schulklassen.

Andacht: Vom Lohrberg aus hat man einen fantastischen Blick auf die Skyline, die manche andächtig bewundern

Das Main Appelhaus besitzt einen Hofladen, wo Obst und Gemüse aus dem eigenen Garten verkauft werden

Hofladen: Verkauf von Obst und Obstprodukten Mo – Fr 8 – 15, Mi 8 – 18 und Sa 11 – 14 Uhr. Die Besucher können ihr Obst auch selbst pflücken!

fanden sich zu den Messezeiten im Frühjahr und Herbst sowie in den umliegenden reichen Klöstern. Erst als sich um 1600 das Klima veränderte und die Temperaturen in den hiesigen Breiten sanken, Kriegszüge nachhaltig das Land verwüstet hatten und schließlich im 19. Jahrhundert auch noch der Mehltau eingeschleppt wurde, gingen die Rebstöcke nach und nach ein und der Apfelwein begann seinen Siegeszug. Und dem nähern Sie sich nun raschen Schrittes:

Der Weg macht einen leichten Bogen und bald gelangen Sie zu der zwischen 1919 und 1930 als Volkspark angelegten weiten **Parkanlage**. Auf großen Wiesen, umringt von stattlichen alten Bäumen, lässt sich hier viel Ruhe, aber auch Vergnügen finden. Denn auf dem Lohrberg trifft man sich zum Fußball- oder Frisbeespielen, zum Picknick oder Faulenzen. Es gibt ausgedehnte Liegewiesen und einen schönen Spielplatz. An warmen Sommertagen lohnt sich für Familien mit kleinen Kindern ein Besuch des Frankfurter Hausbergs auch deshalb, weil es ein kühles Plantschbecken gibt. Für die Grillfans ist extra ein Bereich mit Grillmulden angelegt worden, der enthusiastisch genutzt wird. Nur eines sollte man besser nie versuchen: In der Silvesternacht auf den Lohr-

Tipp: »Dem Ebbelwoi auf der Spur«: Info-Broschüren plus Wanderkarten zur Hessischen Apfelwein- und Obstwiesenroute können im Internet bestellt werden (ca. 7 € plus Porto für ein Paket). Rad- und Wandertouren führen durch Frankfurts Obstbaulandschaft zu Keltereien, Verkaufsstellen, Naturschutzgebieten und natürlich Weinstuben. www.hessische-apfelweinroute.de.

berg zu gehen, um das Feuerwerk zu bestaunen – die Autos stehen bis zur Autobahn zurück. Und das Geballer in einer Menschenmenge, eingekeilt wie im Stadion, zu ertragen, ist eher strapaziös. Dann doch lieber gleich stilvoll in der ☒ **Lohrbergschänke** versacken.

Annette Sievers

Große Gelage: Volles Equipment ist angesagt beim Grillen und an den Familiensonntagen

Der Quellenwanderweg

Von Seckbach über den Lohrberg nach Bergen. **Länge:** 6 km, 90 m Höhenunterschied, durch das »Frankfurter Bergland«. **Anfahrt:** Bus 43 Altebornstraße in Seckbach, Rückweg Bus 43 ab Bergen Marktstraße/Landgraben.

▶ Diese reizvolle, aber auf Grund von zwei kräftigen Steigungen recht anstrengende Wanderung führt von Seckbach nach Bergen. Sie hat die in dieser Region Frankfurts recht häufigen Quellen und Brunnen sowie die ehemaligen Mühlen und Mühlbäche zum Gegenstand. Ein Netz von 20 Stationen sorgt für reichlich Informationen. Die markierte Route führt von Quelle Nr. 1, dem **Alteborn** an der Wilhelmshöher

✸ **Tipp:** Umweltamt der Stadt Frankfurt, *Der Quellenwanderweg im Frankfurter Grüngürtel,* Beschreibung und detaillierte Wanderkarte, kostenlos beim Umweltamt und unbedingt nötig.

Tipp: *Die Buchhändlerschule*, ein Reiseführer von und für Azubis in Seckbach, 7,95 €, pmv.

Straße, Ecke Altebornstraße in Seckbach (110 m) zum **Lohrberg** (190 m) hinauf und passiert auf der Höhe die **Lohrbergschänke** und den Beratungsgarten Lohrberg. Danach steigen Sie zu den *Schulen des Deutschen Buchhandels* (149 m) ab. Die Route hält anschließend einen längeren Abschnitt die Höhe bis an den Südrand von **Bergen** (145 m), bevor es schließlich durch das **Naturschutzgebiet Mühlbachtal** steil nach **Enkheim** (100 m) hinuntergeht. Die interessante Wanderung endet nach einem schweißtreibenden Aufstieg schließlich im Herzen von **Alt-Bergen**.

Eberhard Schmitt-Burk

Lohrbergschänke

Großstädters Liebling – ganz kurze Anreise, und trotzdem schon »im Grünen« in einem Lokal mit Ausflugsflair und bodenständiger Küche.

Di – So 10 – 23 Uhr. Im Winter ab 11 Uhr, außerdem kann bei schlechtem Wetter oder wenig Betrieb früher Schluss sein.

Rosa und Ulrich Frech, Auf dem Lohr 9, 60389 Frankfurt, ✆ 479944. **Anfahrt:** Bus 30 Richtung Bad Vilbel bis Heiligenstock (Restaurant Altes Zollhaus), dann 10 Min zu Fuß durch den Berger Weg. Bus 43 Bornheim Mitte – Bergen bis Budge-Altenheim hinter Seckbach, dann Fußweg zwischen Altenheim und Buchhändlerschule 10 Min aufwärts der Beschilderung folgen. **Auto:** A661 Abfahrt 9 Friedberger Landstraße, auf B521 stadtauswärts Richtung Bad Vilbel, nach 1,5 km Beschilderung rechts zum Lohrberg folgen. **Rad- und Fußweg:** Der Lohrpark ist Teil des Frankfurter Grüngürtels und auf dem um die Stadt führenden Wander- und Radweg zu erreichen.

▶ Es gibt so Lokale, die, hätte sie nicht schon einer erfunden, müsste man sofort noch nacherfinden. Auf dem Lohrberg haben die Frankfurter zum Glück schon Anfang der 30er Jahre sich selbst als Ausflügler erfunden. Und da wussten sie noch gar nicht, dass sie dereinst eine ganz wunderbare Skyline haben würden, auf die es sich von der kleinen Anhöhe über Seckbach so trefflich wie sonst nirgends in der Stadt schauen lässt. Deshalb auch tobt am Lohrberg das Leben nicht in, sondern vor dem Lokal (und manchmal sogar noch vor dem »vor«, nämlich im

beide © Rolf K. Wegst

Saisonstart: Wo könnte er schöner zelebriert werden als auf dem Lohrberg?

Herbst beim Drachensteigenlassen und im Winter beim Schlittenfahren auf der großen Wiese). Für Sitzfreudige indes sind die schlichten Holzmöbel auf der gekiesten Freifläche allemal genug. Die Bedienung hat ihren Schaff, so schnell das Gewünschte aus dem kleinen halbrunden Bau heraus zu bugsieren, wie die leut- und trinkselige Schar an einem warmen Sommerabend nachbestellt. Da zischt der Gespritzte (0,5er für 3 €) unter den Walnussbäumen, dass es eine Art hat. Und wer vom langen Marsch durch die innerstädtischen Institutionen hungrig hier oben anlangt, der findet auf der ansprechend sortierten Speisekarte gewiss das Passende, um den renitenten Magen zu zähmen. Vom klassischen Fleischgericht wie dem beliebten Jägerschnitzel (11,80 €) oder Wild im Winter kriegt man auch kräftige Burschen

Wiener Schnitzel 9,80 €, großer Salat mit Thunfisch 8,90 €. Vegetarische Berner Röstl 8,90 €.

Kännchen Kaffee 3,40 €, Wasser 2,50 € (0,5 l), Binding Bier 2,60 € (0,33 l), Wein 3,10 € (0,2 l), Apfelwein 3 € (0,5 l).

Des Deckelche net vergesse: Die Linden- und Wallnussbäume schleudern schon mal Kleinteile von sich, der gewiefte Frankfurter bringt sich seinen Deckel fürs Apfelweinglas mit – mehr dazu unter www.apfelwein-pur.de

© Rolf K. Wegst

satt. Der Fisch (Goldbarsch mit Grüner Soße und Kartoffeln 12,50 €) fühlt sich zwar in so luftiger Höhe unsicher, munden tut er dennoch. Das, was die Gastronomie von Rosa und Ulrich Frech auszeichnet, sind jedoch Extras wie die kleine Blumenkohl-Karte. Da gibt's den halben Kopf zu Rumpsteak oder Schnitzel oder ganz einfach mit Salzkartoffeln und Sauce Hollandaise (je nach »Fleischbeilage« zwischen 8,90 und 18,20 €).

An trüben Tagen, wenn sich die eher wenigen Besucher in den flachen Bau verziehen, kommen frankfurttrunkene Melancholiker voll auf ihre Kosten. Die historischen Ansichten, die den Raum über der braunen Eichentäfelung dominieren, lassen einen selbst am Kuchenbuffet über letzte Dinge sinnieren: »Geb' ich mir den Obstkuchen – oder doch den Kranz?« (ein »Frankfurter« natürlich). Wenn dann noch Graupapagei-Dame Coco ihren komplexen Charakter andeutet … dann bestellt man am besten einen »Lohrberger Hang« (Flasche für 15,70 €), den Weißen aus dem städtischen Weingut, der nur wenige Meter weiter gereift ist und der deshalb wohl an keinem Platz der Welt mehr Recht hätte, getrunken zu werden, denn hier.

Alexander Kraft

Tipp: An das Lokal angeschlossen ist ein **Kiosk** mit Eis etc. In der Nähe befinden sich öffentliche **Toiletten.** Der **Fußweg,** der hinter der Lohrbergschänke steil abwärts führt, führt durch Wohngebiet nach Seckbach runter und trifft in der Draisbornstraße auf Bus 43 oder am Atzelberg auf Bus 38.

Zum Mühlenfrühstück die Nidda entlang

Länge: 9 km, flach, ganz leicht. Heddernheim – Bad Vilbel. **Anfahrt:** U1 – 3 Heddernheim. **Rückfahrt:** ab Bhf Bad Vilbel-Süd.

▶ Die Tour beginnt an der Maybachbrücke am Ostrand von Heddernheim. Sie führt durch den Frankfurter Grüngürtel und ist mit einem Fahrradsymbol markiert. Der Grüngürtel ist mit rund 80 qkm das größtes Naherholungsgebiet der Stadt.

Es geht zunächst auf dem in Fahrtrichtung linken Ufer bis zum Wehr kurz vor dem Campingplatz und dann auf einem Brückchen zum **Eschersheimer Schwimmbad,** ↗ *Die große Niddatour*, hinüber. Der **Nidda-Radweg** verläuft anschließend 5,5 km auf dieser Seite. Hinter dem Freibad beginnt offenes Gelände. Linker Hand erhebt sich ein begrünter Bauschuttberg. Die Nidda ist hier sehr schmal und weist wenig Gehölz auf. Über eine längere Strecke schauen Sie links auf Kalbach und Bonames und rechts auf den Stadtteil Frankfurter Berg. An der Brücke zum Alten Flugplatz mit dem **Tower-Café,** ↗ *Die große Niddatour,* grüßt Robert Gernhardts Grüngürteltier. Nachdem die **Homburger Landstraße** überquert ist, die beide Seiten verbindet, beginnt ein ansprechenderer Flussabschnitt, denn zwischen Bonames und Harheim ist einiges für eine Renaturierung des Gewässers getan worden. An manchen Stellen gibt es bereits Ansätze zu Auwäldchen, wo sich mit einiger Geduld sogar Fischotter beobachten lassen. Auf der Höhe von **Berkersheim,** das sich malerisch am

NIDDA-RADWEG ZUM EINGEWÖHNEN

© Peter Meyer

Als wenn sie kein Wässerchen trüben könnte: Teilweise sieht es an der Nidda, wie hier an der Eschbach-Mündung, schon wieder sehr natürlich aus

Biergarten Im Abseits, Riedhalsstraße, 60437 Frankfurt-Harheim. ✆ 06101/497870. Mo – Fr 17.30 – 24, Sa, So 12.30 – 24 Uhr.

Freibad Bad Vilbel, Huizener Straße, ✆ 06101/521730. Im Sommer täglich 8 – 20 Uhr. Preise: 3 €, Kinder 4 – 18 Jahre 2 €. Familiendauerkarte 100 €.

Hallenbad Bad Vilbel, Niddastraße 1, ✆ 06101/7431. Außerhalb der Freibadsaison Di – Do 10 – 20, Mi 13 – 15 Uhr nur Frauen, Fr 8 – 21 und Sa 8 – 18 Uhr Warmbadetag, So 8 – 13 Uhr. Preise: 3 bzw. 4 € (Warmbadetag), Kinder 4 – 18 Jahre 2/2,50 €.

Hang ausbreitet, gibt's zur Abwechslung einen Reitplatz und eine Weide mit zotteligen schottischen Hochlandrindern. Hier riecht es ganz kräftig nach den Hauptakteuren. Bald darauf sind Sie auf Höhe von Harheim. Direkt hinter der **Eschbach-Einmündung** – einem ganz lauschigen Fleckchen – wechselt der Nidda-Radweg mit dem Berkersheimer Bahnweg auf das linke Ufer, auf dem Sie bis Bad Vilbel bleiben. Zur Einkehr bietet sich der **Biergarten Im Abseits** quasi in der Nordkurve der Bezirkssportanlage in Harheim an. Auf der gegenüberliegenden Seite begleiten Sie Streuobstwiesen. 800 m hinter dem Harheimer Brückchen unterqueren Sie die geräuschvolle **A3.** Kurz vor Bad Vilbel an der Mündung des Erlenbaches geht es mal kurz ein wenig von der Nidda weg, im Städtchen selbst bleiben Sie am linken Ufer. Es geht am **Frei- und Hallenbad** und am **Kurpark** mit Spielplätzen vorbei. Am Ende des Parks fahren Sie über die Straßenbrücke hinüber ins alte Stadtzentrum mit

© Peter Meyer

Früher rasselten erst Ketten, heute heißt es: Hereinspaziert in die Alte Burg

Patent: Leere Flaschen wurden im Korb in den Brunnen hinuntergelassen und voll wieder heraufgezogen – so lehrt es das Bad Vilbeler Brunnendenkmal

seinen Fachwerkhäusern, darunter das alte Rathaus aus dem Jahre 1489. Davor steht das entzückende Brunnendenkmal und dasjenige für Friedrich Grosholz, den Begründer der Bad Vilbeler Quellentradition. Auf der rechten Niddaseite entlang liegt nur 250 m weiter die **Alte Mühle.**

Ein Abstecher kann über die gedeckte Holzbrücke hinüber zur **Wasserburg** führen, in der das Brunnenmuseum der Stadt untergebracht ist. Das Museum ist jedoch wegen Restaurierungsarbeiten geschlossen.

Der Rückweg führt in Bad Vilbel durch den Kurpark zum Freibad. Nach der folgenden Rechts-Links-Kombination am Sportplatz fahren Sie links über die Brücke und umrunden die Kläranlage. Nach der Bahnunterführung geht es links durch den ruhigen Berkersheimer Weg zum **Bahnhof Bad Vilbel-Süd.**

Peter Meyer

*Die **Wasserburg** nördlich des Kurparks war einst Wohnsitz der Bad Vilbeler Ritter. Die ältesten Gebäudeteile stammen noch aus dem 12. Jahrhunderts. 1399 wurde die Burg zerstört und vergrößert wieder aufgebaut. 1581 – 1796 diente sie der Kurmainzischen Verwaltung als Amtssitz. Teile wurden jüngst restauriert.*

Tipp: In der Wasserburg finden seit 1987 jährlich Juni – Sep die überregional bekannten **Burgfestspiele** statt.

Viel Frisches in der Alten Mühle

Internationale Küche in stilvollem Ambiente.

Sommer und Winter Mo 17 – 1, Di – Sa 11 – 1, So und Fei 10 – 1 Uhr.

Restaurantcafé in der Alten Mühle, Alfred Di Rienzo, Lohstraße 13, 61118 Bad Vilbel, Stadtmitte. © 06101/127283, Fax 505366. www.altemuehle.net. info@altemuehle.net. **Anfahrt:** Bus 130 (RMV) bis Altes Rathaus, zu Fuß 3 Min an der Nidda flussaufwärts, den Schildern Richtung Burgfestspiele folgen. S6 bis Bad Vilbel Nord oder Süd, ca. 10 Min zu Fuß Richtung Burgfestspiele. **Auto:** Von Frankfurt kommend Friedberger Landstraße, A661 Richtung Bad Vilbel, alte B3 (Frankfurter Straße) bis Stadtmitte, Altes Rathaus, dort parken. **Rad:** Nidda-Radweg bis zur Burg/Schilder Burgfestspiele, über die Brücke zur Alten Mühle auf der gegenüberliegenden Seite der Nidda.

▶ Das Restaurant in der Alten Mühle besticht durch seine geschmack- und niveauvolle Einrichtung im 70 qm großen Innenraum. Altes Hirnholzparkett auf dem Boden und massive Nussbaum-Tischplatten passen zum Mühlen-Ambiente ebenso wie die dezente, stilvolle Dekoration. Das Ambiente ist keineswegs rustikal. Am Nidda-Ufer gibt es eine Terrasse.

Die Küche ist so international wie ihre Köche. Indische, österreichische, italienische und chilenische

Suppen 4 – 4,50 €, hausgemachte Lasagne mit Hackfleisch 10,50 €, Französische Entenbrust mit Aprikosensoße auf Kartoffelpüree und Gemüse 12,50 €, Afrikanisches Lammragout mit Kartoffeln, Kochbananen und Basmatireis 10,50 €. Kinder: Nudeln mit Tomatensoße 3,50 €. Senioren: Alle Gerichte in halber Portion. Vegetarisch: Frischer Salatteller 8,90 €.

Mineralwasser 1,90 € (0,25 l), Kaffee 1,90 – 2,90 €, kleines Bier 2,30 €, 3,60 € (0,5 l), Weiß- und Rotwein ab 3,60 € (0,2 l). Spezialität ist Capparelli, ein Sommergetränk mit Limetten, Grenadine, Zitronen-Limo und Wasser 3,70 € oder statt Wasser mit Riesling 4,60 €.

Tipp: Im Herbst und Winter gibt es jeden Mi im Kino- und Theatersaal in der Alten Mühle Theateraufführungen (Sommerpause Mai – Sep).

Gerichte stehen auf der wöchentlichen Tageskarte ebenso wie auf der Abendkarte. Spezialität ist der frische Spinatsalat mit überbackenem Schafskäse für 8,90 €. Das Mühlenfrühstück für zwei

beide © Rolf K. Wegst

Kontrastprogramm: »Bloß nicht rustikal« scheint das Motto dieser Mühlenwirtschaft zu sein

Personen, das bis 14 Uhr serviert wird, kostet 23,50 €, inklusive Orangensaft und Sekt. Beim Mittagstisch stehen Dienstag und Freitag jeweils drei Gerichte zur Auswahl, die dann nur 7,50 € kosten. Für Kinder, die hier gern gesehen sind, gibt es Nudeln mit Tomatensoße und alle Gerichte in halber Portion, auch für Senioren. Eine Friteuse gibt es nicht, also auch keine Pommes frites. Convenience-Produkte sind tabu (außer Tomaten in Dosen), alles wird frisch gemacht. Gutes Preis-Leistungsverhältnis. Im Restaurant sind 50 Sitzplätze, die Terrasse hat 100 Plätze, Nichtraucherbereiche gibt es nicht, Hunde sind erlaubt, Kreditkarten werden nicht akzeptiert.

Cornelia Färber

© Rolf K. Wegst

Stattlich: Die Alte Mühle sieht eigentlich gar nicht so alt aus

NATUR-OASEN

Naturparadies auf engstem Raum: Lehrbiotop in Ober-Florstadt

NABU-Gruppe Florstadt, 61197 Ober-Florstadt. www.lehrbiotop.de. info@lehrbiotop.de. **Anfahrt:** RE oder RB bis Friedberg, vom Bhf Bus 1 oder 4 Richtung Florstadt bis Ober–Florstadt. Zu Fuß Hauptstraße entlang und in Obergasse abbiegen, hinter Spiel- und Sportplatz. **Auto:** A45 Abfahrt 38 Florstadt, über B275 Richtung Friedberg. Von Staden kommend am Ortseingang hinter dem Sportplatz an der Nidda. **Rad:** Direkt am Nidda-Radweg. **Zeiten:** jederzeit zugänglich.

▶ Bei Florstadt beginnt das *Naturschutzgebiet Niddaaue,* das sich Richtung Nordosten bis Ranstadt erstreckt. Das *Naturschutzgebiet Bingenheimer Ried* liegt circa 3 km nördlich von Florstadt in der Horloffaue und bietet gute Gelegenheit für Vogelbeobachtungen. Einen ganzen Kosmos wertvoller Naturschätze kann man auf kleinstem Raum im Lehrgarten der **NABU-Gruppe** Florstadt bestaunen. Der Garten ist ein stiller schöner Flecken am Ortsrand Ober-Florstadts direkt an der Nidda. Hier haben Besucher die Gelegenheit, allerlei Biotope kennen zu lernen und sich über die Lebensräume mitteleuropäischer Natur- und Kulturlandschaften zu informieren. Sie erfahren, welche Tiere und Pflanzen wo leben und welche Arten gefährdet sind. Wer Interesse hat, selbst einen naturnahen Garten anzulegen, ist hier an der richtigen Adresse, um sich wertvolle Anregungen und Informationen zu holen.

Das Gelände ist von einer Hecke, in der viele heimische Sträucher und Bäume zu finden sind, umgeben. Im Zentrum des Geländes befinden sich zwei kleine Feuchtbiotope. Dort leben Amphibien verschiedener Art wie die Erdkröte, der Teichmolch, der Grasfrosch und der Wasserfrosch. Außerdem findet man in dem wunderschönen Lehrbiotop je einen Stein- und Heuhaufen, eine Trockenmauer, einen Totholzbaum, einen Totholzstapel, eine Benjes-Hecke, einen Bauerngarten mit Kräuterspirale, einen Igelunterschlupf und

DIE NATUR- & KULTUR-KOMBI

Eine wichtige Adresse für Kinder, die die Natur besser kennen lernen wollen, ist der ***Naturschutzbund Deutschland,*** *Kreisverband Wetterau, www.nabu-wetterau.de. Auf seiner Homepage findet man auch die Adressen der Ortsgruppen.*

Herrschaften hereinspaziert: Das Brückchen führt zum Schlossrestaurant derer von Ysenburg

beide © Lehrbiotop Florstadt

Ohne Doping: Krabbenspinne und Raupe erfreuen sich an der ungespritzten Natur

eine kleine Blumenwiese. Hier brüten Amsel, Dorngrasmücke, Feldsperling, Goldammer, Heckenbraunelle und Zaunkönig. Ferner haben Sie Gelegenheit, Hummeln, Solitärbienen und -wespen sowie allerlei Schmetterlinge zu beobachten.

Am schönsten ist es in diesem paradiesischen Garten im Frühjahr zur Blüte und im Herbst, wenn alles voller Beeren und Früchte hängt.

Eberhard Schmitt-Burk

Apfelsekt auf der Wasserburg von Schloss Ysenburg

Landschaft, Lage und Speisekarte: Einfach Klasse.

Di – So 7 – 24 Uhr, warme Küche 12 – 14 und 18 – 22 Uhr.

Hotel Restaurant Café Schloss Ysenburg, Klaus May, Parkstraße 20, 61197 Florstadt-Staden, ✆ 06035/9676-0, Fax -29. www.schloss-ysenburg.de. **Anfahrt:** Bus FB04 ab Bhf Altenstadt an der Niddertalbahn 34 Frankfurt – Bad Vilbel – Stockheim oder FB04 von Ranstadt an der Lahn-Kinzig-Bahn 36 Gießen – Nidda – Gelnhausen. **Rad:** Limesradweg, Niddaradweg, R4 Fernradweg, Apfelwein- und

Obstwiesenradweg, Vulkanradweg. **Auto:** A45, Abfahrt Florstadt oder B275 aus Richtung Friedberg oder Ortenberg.

▶ Schloss Ysenburg liegt mitten in der Wetterau, in dem kleinen Ort Staden, einem Stadtteil von Florstadt. »Klein-Venedig der Wetterau« wird Staden gern genannt, entstand doch hier 1522 die auf Holzpfählen gebaute, überdachte **Seufzerbrücke**. Schloss Ysenburg mit seinen historischen Gasträumen und der idyllischen Terrasse liegt ebenfalls mitten im Wasser. Wer hier nach einer Radtour – vom Limes- oder Niddaradweg, von der Apfelwein- und Obstwiesenroute oder vom Vulkanradweg kommend – Erholung und Erfrischung sucht, findet dies auf einer herrlichen Sonnenterrasse direkt am Wassergraben der ehemaligen Wasserburg.

Bei der Speisenauswahl ist für jeden etwas dabei, vom deftigen Bauernbrot mit Wurst oder Käse (5 – 5,50 €) über geräucherte Forellenfilets zu 9,90 € bis zu Roastbeefstreifen in Cognacsoße (14,20 €) oder zum Stadener Schlosstopf mit Medaillons vom Kalb, Schwein und Rind (15,50 €). Für Vegetarier hält *Fami-*

Wegen seiner vielen ***Brücken*** *wird Staden auch das »Klein-Venedig« der Wetterau genannt.*

Ohne Scham: Kohlmeise erfreut sich an ihrer Beute in Form einer ganzen Scheibe Bratkartoffel

© Peter Meyer

NATUR-OASEN

Durchaus deftig, durchweg schmackhaft: Im Schlossrestaurant hat noch jeder sein Glück gefunden – denken Sie nur an die Meise!

© Rolf K. Wegst

lie May, die das Schlosshotel in der dritten Generation führt, Dinkeltaler mit Champignons (10,50 €), gebackenen Camembert (5,50 €) und Roh- und Frischkostsalate mit Kräuterschmand und Mehrkornbrot (6,80 €) bereit. Spezialität des Hauses ist die Wetterauer Kartoffelsuppe mit Dörrfleisch und frischen Kräutern für 4 € – sehr zu empfehlen.
Regionale Verbundenheit zeigt man auch bei den Getränken. Tipp des Hauses – und nicht nur als Aperitif zu genießen – ist hier der Stadener Apfelsekt zu 4,50 €.

Cornelia Färber

Tipp: Der Hotelbetrieb Schloss Ysenburg bietet 4 EZ zu 52 – 55 € und 8 DZ zu 82 € an, inklusive Frühstück.

€ Schnitzel mit Bratkartoffeln und Salat 10 €, Geschnetzelte Truthahnbrust in Curry-Safransoße, Aprikosenhälften 11,50 €, Gebratene Entenbrust auf Champagnerkraut 16,90 €. Kinderteller: Kinderschnitzel mit Pommes und Salat 5 €. Seniorenteller: Verschiedene Braten mit Kartoffelklößen und Salat 10 €. Vegetarisch: Dinkeltaler mit frischen Champignons in Kräuterrahmsoße 10,50 €.
Kaffee 1,80 €, Wasser 1,70 €, Bier 2,20 € (0,3 l), Wein ab 3,60 € (0,2 l).

Mit dem Rad auf Obst-Kur rund um Bad Vilbel

Länge: knapp 12 km. **Anfahrt:** S6 bis Bad Vilbel-Süd. **Auto:** besser im Zentrum von Bad Vilbel starten. Parkplätze am Kurpark und Marktplatz. **Rad:** Nidda-Radweg.

▶ Vom **Bahnhof Bad Vilbel-Süd** (»Südbahnhof« ausgeschildert) geht es gleich rechts durch den ruhigen **Berkersheimer Weg** und nach 500 m rechts unter der Bahnlinie durch. Sie radeln um die Kläranlage herum, kreuzen schräg die Fahrstraße und fahren hinüber ans nördliche Niddaufer, wo Sie auf der **Huizener Straße** vor den Häusern links und bei erster Gelegenheit gleich wieder rechts abbiegen und die vierspurige **B3** auf einer Brücke überqueren. Sie sehen den Bad Vilbeler Ortsteil M **Massenheim** vor sich, dessen Neubaugebiet Sie in einer kurzen Links-Rechts-Kombination nach insgesamt 2 km erreichen. Der *Erlenbach* begleitet Sie zur Rechten. Sie folgen der Straße Im Mühlengrund bis zum **Friedhof,** dann geradeaus dem Radweg durch die Grünanlage. Sie verlassen Massenheim an Gärten vorbei auf einem Feldweg, der Sie mit einigen Kurven durch die Äcker zur Umgehungsstraße von Nieder-Erlenbach und direkt am Bach darunter hindurchführt. Zwangsläufig stoßen Sie auf den *Bornweg* und später rechts auf

AB INS GRÜNE

Tipp: Wegen der geringen Gesamtlänge von noch nicht mal 12 km eignet sich diese Radtour auch bestens für ein dreistündige Kurzwanderung.

M In **Massenheim** bietet sich der Besuch des **Heimatmuseums** im ehemaligen Rathaus an, einem schönen Fachwerkensemble drüben im alten Kern. Hauptthemen sind die Ziegelei und die Verarbeitung von Flachs zu Leinen, was hier bis 1950 ein wichtiger Wirtschaftszweig war, aber auch andere traditionelle Berufe und die Auswanderung nach Amerika. An der Kirche 8, ✆ 06101/542716. www.bad-vilbel.de/museummassenheim. So und Mi 14 – 17 Uhr, an Sommer-Sonntagen Kaffee und Kuchen.

Wetterau: Willkommen im Apfelland

die *Alte Fahrt.* Sie sind nun im alten Ortskern von **Nieder-Erlenbach,** der mit seinen stattlichen Hofgütern zu einem Bummel durch die Gassen auffordert. Der frühere Reichtum des Ortes ist mit seiner Bindung an Frankfurt zu erklären, denn von 1376 bis 1866 gehörte das Dorf zur Reichsstadt.

© pmv

Im Äppelland gibt's Äppel, im Obsthof erst recht

Von nun an folgen Sie der Beschilderung der **Apfelweinroute.** Rechts gelangen Sie zur Kirche und über den Erlenbach hinweg bergan in die Straße **Am Steinberg,** wo Sie nach insgesamt 5,5 km, gerade auf dem freien Feld angelangt, den **Obsthof Schneider am Steinberg** erreichen.

Nach einer Rast fahren Sie auf dem Wirtschaftsweg weiter geradeaus hinüber nach **Dortelweil,** in das Sie auf dem Nieder-Erlenbacher Weg unter der **B3** hindurch einfahren. Mit einem Schlenker rechts-links durch die neue Reihenhaussiedlung und über den Kreisel an der Hauptachse Friedberger Straße kommen Sie in die **Stadastraße.** Von dieser biegen Sie links ab in die **Sudetenstraße** und gleich wieder rechts unter den Bahngleisen hindurch zu den Gärten an der Nidda. Sie sind auf ihrem rechten Ufer, gut 2 km vom Obsthof. Nun wird die Orientierung sehr einfach, denn Sie folgen einfach dem **Niddaradweg** flussab und bleiben bis **Bad Vilbel** immer am Westufer. In dem Kurort gibt es vielleicht noch einmal Gelegenheit zur Einkehr, z.B. in einem der vielen Quellenhöfe im alten Zentrum.

Der direkte Weg zum Start und Ziel der Tour führt durch den **Kurpark** am Kurhaus vorbei und hinter der Straßen- und Eisenbahnbrücke links über die Nidda. Am Südufer fahren Sie ein Stückchen unter den großen Brücken zurück und biegen sofort rechts in die Wiesengasse zur Frankfurter Straße ein, dort nach rechts zum großen Kreisel, in dessen unmittelbar Nähe Sie 6 km nach Ihrem Stopp am Obsthof wieder an Ihrem Ausgangspunkt **Südbahnhof** angelangt sind.

Peter Meyer

Alles Bio beim Obsthof am Steinberg

Andreas Schneider, Am Steinberg 24, 60437 Frankfurt-Nieder-Erlenbach. ✆ 06101/41522, Fax 497484. **Anfahrt:** S6 bis Berkersheim-Bhf, Bus 25 bis Nieder-Erlenbach Rathaus, 11 Min Fußweg. **Auto:** A661/B3 Richtung Bad Vilbel, Massenheim, Nieder-Erlenbach.

Apfelwein-Spezialitäten vor den Toren Frankfurts, direkt unter den Apfelbäumen.

▶ Dass Nieder-Erlenbach ein Frankfurter Stadtteil ist, davon ist auf dem Obsthof nur wenig zu spüren. Außer dem Summen der Bienen, Blätterrauschen und Kinderlachen ist hier nichts zu hören oder zu sehen. Es ist ein grünes Paradies im Nordosten der Mainmetropole. Die Bezeichnung Wein verdient der Äppelwoi in der Schoppenwirtschaft des Obsthofes am Steinberg auf jeden Fall. Unter den knorrigen Apfelbäumen der Gartenwirtschaft schmeckt selbst der Hausschoppen zweimal so gut. Vom Prinzenapfel (2 €) bis zur Hessischen Antwort auf Prosecco namens Topaz (0,1 l für 2,50 €) müssen sich die Bio-Apfelweine vor Riesling & Co. auf jeden Fall nicht verstecken. Auch nicht bezüglich des »Terroir«-Gedan-

Schoppenwirtschaft Mai – 3. Okt Do – Sa 15 – 22, So, Fei 11 – 22 Uhr. Hofladen Mo und Di, Do und Fr 16 – 18.30, Sa 9 – 13 Uhr.

Einkaufen & Einkehren: Beim Obsthof geht dieser Genuss eine ideale Verbindung ein

Alles aus Äpfeln: Zur Verkostung können Sie gleich nebenan schreiten

© Rolf K. Wegst

kens: Der Heimat-Cuvée ist ausschließlich aus Nieder-Erlenbacher Äpfeln gekeltert. Und wer dem Frankfurter Nationalgetränk selbst nach dem fruchtigen Bohnapfel (3 €) noch skeptisch gegenüber steht, wählt einen Apfelsaft oder ab Mitte August, wenn bei *Familie Schneider* die neue Ernte beginnt, einen frischen Süßen (je 2 €). Wo so besonderer Apfelwein ausgeschenkt wird, ist es mit einem Handkäs allein nicht getan. Der ist auf dem Obsthof natürlich auch in Bio-Qualität erhältlich (ab 4 €) und wird durch eine gut sortierte Käseauswahl ergänzt, wie Möhrenlaibchen oder Schafs- und Ziegenkäse. Während die pittoreske Schoppenwirtschaft nur von Mai bis Oktober die leckeren Apfelweine verkauft, ist der Hofladen das ganze Jahr über geöffnet.

Anja Kirig

€ Bratwurst 3,50 €, Käsetrio ab 6,50 €, Handkäs mit Musik 4 €, Roggenschrotbrot mit Salzbutter 2 €.

Kaffee 1,50 €, Wasser 1,50 € (0,25 l), Apfelsaft 2 €, Apfelwein ab 1,50 € (0,25 l).

KARTEN & REGISTER

Eisenbach
Hasselbach
455
Rod an der Weil
Niederselters
DEUTSCHE FACHWERKSTRASSE
Kuhbett
525
N
1 cm
2 km
Cratzenbach
Neuweilnau
Altweilnau
© pmv PETER MEYER VERLAG
Wörsbach
ICE
44
Merzhausen
Hausen
Arnsbach
275
Riedelbach
BAD CAMBERG
HOCHTAUNUSSTRASSE
Dombach
Treisberg
Würges
Beuerbach
663
Brombach
Anspach
406
Totenkopf
Pferdskopf
8
Walsdorf
Mauloff
Weil
Dorfweil
Hessen
Waldems
Schmitten
Zur Talmühle
Wallrabenstein
Seelenberg
Arnoldshain
R. Hattstein
Ems
Wörsdorf
Nieder-
Ober-
Reifenberg
Sandplacken
699
275
Bermbach
880
684
Kolb
TAUNUS
Feldberghof
HOCHTAUNUSSTRASSE
3
421
Nack
Heftrich
Großer Feldberg
Urselbach
408
Glaskopf
826
Limes
IDSTEIN
Haidekopf
687
Kleiner Feldberg
798
Glashütten
45
Ehrenbach
Altkönig
Butznickel
462
Schlossborn
Falkenstein
Römerturm
Dasbach
570
Steinkopf
513
Eschenhain
Ober-
Seelbach
Nickel
Kastell
Zugmantel
Nieder-
KÖNIGSTEIN
Ober-
josbach
Ehkhalten
507
Engenhain
Ruppertshain
Bhf Königstein
Rettershof
Neuhof
593
Eppenhain
Schneidhain
Königshofen
Niedernhausen
515
Fisch-
bach
Rote Mühle
Hohe Kanzel
S2
Rossert
455
Neuenhain
Dasbach
Niederjosbach
Altenhain
Theistal
539
Vockenhausen
636
475
46
Hofgut
Gimbach
Jagdschloss
Platte
451
Bad Soden
Kellerskopf
Brem-
thal
Staufen
Liederbach
Eppstein
417
Naurod
410
Kelkheim
ICE
Schwarzbach
Goldsteintal
Judenkopf
Auringen
8
Hubertushütte
Sonnenberg
Münster
Liederbach
Rambach
Wildsachsen
455
Hessloch
Lorsbach
519
Der Turm
Neroberg
Sonnenberg
3
Langenhain
54
Hockenberger
Mühle
Medenbach
292
350
Meisterturm
66
S2
Kartaus
14
WIESBADEN
Kloppenheim
Zeilsheim
Bierstadt
Igstadt
Breckenheim
Kriftel
13
DEUTSCHE FACHWERKSTRASSE
Sindlingen
Hofheim
Hauptbahnhof
S1, 8, 9
12
236
Wallau
Nordenstadt
Diedenbergen
22
Hattersheim
3
Erbenheim
5
4
7
8
9
10
11
66
1
S1
Okriftel
6
ICE
47
2
23
Weilbach
Weilbach
WI-Ost S1, 8, 9
Delkenheim
Eddersheim
43

Usingen
Kransberg
397
Friedrichsthal
Forsthaus Winterstein
482
Winterstein
FRIEDBERG
Schwalheim
Dorheim
WETT
Ockstadt
Pfaffenwiesbach
Limes
391
Galgenberg
Kapersburg
Florstadt
Ober-Rosbach
Rosbach
Nieder-Rosbach
Bruchenbrücken
Niddatal
Assenheim
Wehrheim
Saalburgsiedlung
Lochmühle
Ober-Wöllstadt
Nieder- (123 m)
Kloster
Ilbenstadt
Oberhain
Saalburg
Erlenbach
Köppern
471
Gickelsburg
Dillingen
592
Friedrichsdorf
Rodheim
Burgholzhausen
Nidda
Burg-Gräfenrode
Berggasthof Herzberg
Dornholzhs.
Kirdorf
Seulberg
Petterweil
Okarben
Karben
BAD HOMBURG vor der Höhe
Forellengut
Oberstedten
Kloppenheim
Großkarben
Chilly's im Selzerbrunnenhof
Windeck
Kleinkarben
Büdesheim
OBER-URSEL
Ober-Erlenbach
Obsthof am Steinberg
Ober-Eschbach
Rendel
Dortelweil
Schöneck
Bad Homb. Kreuz
Nieder-Eschbach
Nieder-Erlenbach
Bommersheim
Dottenfelder Hof
Gronau
Massenheim
Niederdorfelden
Kalbach
Bonames
Harheim
Alte Mühle
Eschbach
Südbhf.
Tower Café
Bad Vilbel (110 m)
197
Hühnerberg
Wachenbuchen
Nieder-Eschbach
Steinbach
Heddernheim
Niederursel
S6
S5
Eschersheim
212
Lohrberg-schänke
Bergen-Enkheim
Bischofsheim
Maintal
Hochstadt
Eschborn
Hausen
FRANKFURT am Main (98 m)
Mainkur
Dörnigheim
Rödelheim
Bockenheim
Westend
Bornheim
Nordend
Rumpenheim
Bootshaus WSV 1926
F-West
F-Ost
Fechenheim
Höchst
Nied
Messe
Hauptbahnhof
Main
Hafen 2
96
Bürgel
Mühlheim
S1, 2
S8, 9
Lokalbhf.
Griesheim
Schwanheim
F-Süd
Sachsenhausen
Bieber
OFFENBACH am Main
Niederrad
Louisa
Waldgasthaus Oberschweinstiege
Zur Obermühle
Obertshausen
Stadion
Kelsterbach
Neu-Isenburg
Gravenbruch
Heusenstamm

Nieder-weisel
Römerstr.
Bad Salzhausen
Ostheim
Steinfurth
Wölfersheim
Wetter
Galgenberg 235
Fauerbach
Södel
(130 m)
Echzell
254 Wannkopf
Ober-Mörlen
Usa
Teichhaus
Melbach
Teufelsee
Pfaffensee
Bingenheim
Dauernheim
Weckesheim
Beinheim
BAD NAUHEIM
(144 m)
Schwalheim
Reichelsheim
Ranstadt
Forsthaus Winterstein
Dorheim
WETTERAU
Ob.-Mockstadt
FRIEDBERG
Lehrbiotop
Staden
Nieder.-Mockstadt
482 Winterstein
Ober-Florstadt
Ockstadt
S6
Schloss Ysenburg
Florstadt
Stammheim
Ober-Rosbach
Rosbach
Bruchen-brücken
Niddatal
Nieder-Rosbach
Ober-Wöllstadt
Assenheim
Bönstadt
Lindenheim
Altenstadt
Nieder-Wöllstadt
(123 m)
Kloster Ilbenstadt
Limes
Höchst
S6
Nidda
Rodheim
Erbstadt
Rommel-hausen
Burg-Gräfenrode
Burgholzhausen
Okarben
Petterweil
Karben
Limes
Heldenbergen
Kloppenheim
Großkarben
Windecken
Chilly's im Selzerbrunnenhof
(117 m)
Nidderau
Hammersbach
Kleinkarben
Ober-Erlenbach
Büdesheim
Ostheim
Ober-Eschbach
Obsthof am Steinberg
Rendel
Dortelweil
Schöneck
Kilianstädten
Rüdigheim
Nieder-Erlenbach
Nieder-Eschbach
Rossdorf
Nieder-Issigheim
Neuberg
Dottenfelder Hof
Gronau
Ober-
Eschbach
Massenheim
Niederdorfelden
Bonames
Harheim
Alte Mühle
Südbhf.
Mittelbuchen
Nidda
197
Bad Vilbel
(110 m)
Bruchköbel
S6
Hühnerberg
Wachenbuchen
Erlensee
Eschersheim
212
Lohrberg-schänke
Bergen-Enkheim
Maintal
Bärensee
Bischofsheim
Hochstadt
Wilhelmsbad
FRANKFURT am Main
(98 m)
Mainkur
Dörnigheim
HANAU
Bornheim
Westend
Rumpenheim
Kesselstadt
Nordend
Bootshaus WSV 1926
Dietesheim
Hbf.
F-Ost
Fechenheim
Basaltsteinbr.
Main
Bürgel
Mühlheim
Steinheim
Hauptbahnhof
Hafen 2
96
E41

Nidda
Ober-Lais
Fauerbach
Schwickarts-
hausen
Laisbach
328
Eschberg
Boben-
hausen
275
Nidder
Lißberg
Usenborn
Ortenberg
(135 m)
275
Neumühle
Bleiche
Selters
Stockheim
Bleichenbach
Dudenrod
Aulendiebach
Glauberg
Rohrbach
276
Glauberg
Glauburg
457
Düdelsheim
521
(315 m)
Merkenfritz
409
Wartkopf
(240 m)
Hirzenhain
Wenings
Gelnhaar
N
1 cm
2 km
© pmv PETER MEYER VERLAG
Bindsachsen
Kefenrod
Wolferborn
475
Hermanns-
loh
Horstb
Kirchbracht
276
Illnhausen
Nieder-
seemen
Fischb
Bösgesäß
-Reic
Unter-
420
Birstein
Wernerstein
Unter
Streit-
berg
Brachttal
Spielberg
Schlier-
bach
Bracht
Großer
Weiher
276
DEUTSCHE FACHWERKSTR.
DEUTSCHE FERIENROUTE
ALPEN – OSTSEE
BÜDINGEN
Hexenstübchen
Büdinger
Wald
Seemenbach
Hainchen
Calbach
hain
Eckarts-
hausen
Diebach
DEUTSCHE FACHWERKSTRASSE
Breitenborn
386
Eichelkopf
Hain-
Gründau
Wächtersbach
(164 m)
411
Vier
Fichten
Fallbach
Ronneburg
Altwiedermus
45
Ronneburg
Hüttengesäß
Mittel-
Gründau
Gründau
Gründau
Neu-
wirtheim
45
66
Nieder-Gründau
Lieblos
Roth
GELN-
HAUSEN
(159 m)
Kassel
Höchst
276
Biebergemünd
Ravolz-
hausen
Langenselbold
(122 m)
Rothenbergen
42
66
41
44
43
41
Langen-
ebach
42
40
Kinzig
Meerholz
Hailer
Mittelpunkt
EU 27
Linsen-
gericht
Eidengesäß
Lanzingen
Neuenhaßlau
Niedermittlau
Geislitz
Villa Aurora
39
Kinzigsee
DEUTSCHE MÄRCHENSTRASSE
Hasselroth
Roßbach
Bie
Rodenbach
233
Freigericht
Altenmittlau
421
Kreilberg
475
Gaiersberg
421
Niederroden-
bach
Oberroden-
bach
Somborn
Horbach
Neuses
269
Altenmarkskopf
Omersbach

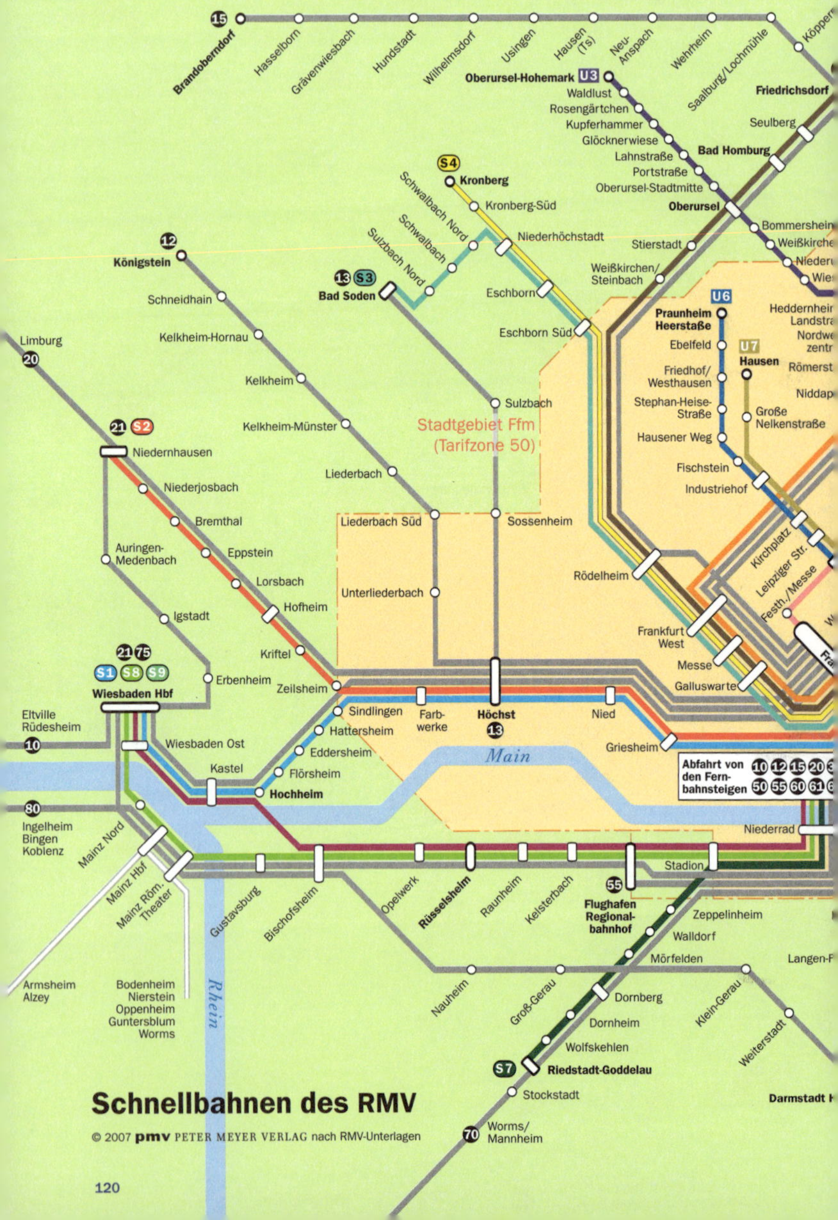

Schnellbahnen des RMV

Gießen
30 40 31 32
Nidda
36
34
Stockheim
Friedberg
16 33
S6
Burgholzhausen
Rodheim
Rosbach
Friedberg Süd
Glauberg
Lindheim
Altenstadt
Höchst (Nidder)
Eichen
Nidderau
Windecken
Büdesheim
36
Gelnhausen
U2
Bad Homburg-Gonzenheim
Ober-Eschbach
Nieder-Eschbach
Bonames Mitte
Kalbach
Riedwiese Mertonviertel
Sandelmühle
Heddern-heim
Bruchenbrücken
Nieder-Wöllstadt
Okarben
Groß Karben
Dortelweil
Assenheim
Frankfurter Berg
Berkersheim
Bad Vilbel Süd
Bad Vilbel
Gronau
Niederdorfelden
Oberdorfelden
Kilianstädten
U5
Preungesheim
Sigmund-Freud-Straße
Ronneburgstraße
Theobald-Ziegler-Straße
Gießener Straße
Marbachweg/Sozialzentrum
Eckenheimer Landstraße/ Marbachweg
Versorgungsamt
Hauptfriedhof
Nibelungenallee/ Nat.-bibliothek
Glauburgstraße
Muster-schule
Stadtgebiet Ffm (Tarifzone 50)
U7
Enkheim
Hessen-Center
Kruppstraße
Gwinnerstraße
Schäfflestraße
Johanna-Tesch-Platz
Eissporthalle/ Festplatz
Parlamentsplatz
Habsburgerallee
U4
Seckbacher Landstraße
Bornheim Mitte
Höhenstraße
Merianplatz
Weißer Stein
Lindenbaum
Hügelstraße
Fritz-Tarnow-Str.
Dornbusch
Miquel-/ Adickesallee
Holzhausenstr.
Grüneburgweg
Eschenheimer Tor
Hauptwache
Konstablerwache
Zoo
Frankfurt Ost
U6
Ostheim
Bruchköbel
Fulda
50
Wilhelmsbad
Maintal Ost
Hanau West
Hanau Nord
Maintal West
Hanau Hbf
33
S9
S8
56
Schöll-krippen
Mainkur
Main
Steinheim
Dietesheim
Mühlheim
Offenbach Ost
Aschaffenburg
55
Dom/ Römer
Ostendstraße
U5
Willy-Brandt-Platz/EZB
Schweizer Platz
Lokalbhf.
Frankfurt Süd
Stresemann-allee
U1 U2 U3
S5 S6
Mühlberg
Kaiserlei
Ledermuseum
Marktplatz
Offenbach Hbf
S2
Bieber
Waldhof
Obertshausen
Heusen-stamm
Weiskirchen
Steinberg
Hainhausen
Dietzenbach Mitte
Jügesheim
Dietzenbach Bhf.
S2
Dudenhofen
Nieder-Roden
Rollwald
Rödermark-Ober-Roden
S1
Hanau Klein -Auheim
Hainburg Hainstadt
Seligenstadt
Mainhausen Zellhausen
Sprendlingen
Weibelfeld
Dreieichenhain
Götzenhain
Offenthal
Urberach
Eppertshausen
Münster
Darmstadt Nord
Kranichstein
Messel
Altheim
Herges-hausen
Baben-hausen
63
Dieburg
61
64 65
Aschaffen-burg
63 65 75
60
Heidelberg/ Mannheim
Darmstadt Ost
Groß-Umstadt Erbach/Eberbach

Register der Orte & Gaststätten

IMPRESSUM

© 1. Auflage 2007 | **Post bitte an:** pmv Peter Meyer Verlag, Schopenhauerstraße 11, 60316 Frankfurt am Main | www.PeterMeyerVerlag.de, info@PeterMeyerVerlag.de
Umschlag- und Reihenkonzept, insbesondere die Kombination von Griffmarken und Schlagwort-System auf dem Umschlag, sowie Text, Gliederung und Layout, Karten, Tabellen, Piktogramme und Illustrationen sind urheberrechtlich geschützt.
Druck & Bindung: Kösel, Krugzell; www.KoeselBuch.de | **Umschlaggestaltung:** pmv & Agentur 42, Mainz, www.agentur42.de | **Fotos:** siehe Fotonachweis beim jeweiligen Bild **Karten:** pmv Peter Meyer Verlag, Lizenzen auf Anfrage | **Lektorat & Redaktion:** Daniela Grosche, Caroline Rothauge, Annette Sievers (pmv) | **Layout:** Annette Sievers | **Bezug:** über Prolit, Fernwald-Annerod, oder über pmv vertrieb@PeterMeyerVerlag.de
ISBN 978-3-89859-303-8

MAINZ & RHEINHESSEN MIT KINDERN
978-3-89859-430-1
ODENWALD MIT KINDERN
978-3-89859-400-4
PFALZ MIT KINDERN
978-3-89859-404-2
RHEIN-MAIN MIT KINDERN
978-3-89859-403-5
RHEINLAND-PFALZ MIT KINDERN
978-3-89859-401-1
SPESSART MIT KINDERN
978-3-89859-407-3
TAUNUS MIT KINDERN
978-3-89859-406-6
VOGELSBERG, WETTERAU MIT KINDERN
978-3-89859-432-5
VOGELSBERG WETTERAU MIT KINDERN
978-3-89859-432-5
WIESBADEN & RHEINGAU MIT KINDERN
978-3-89859-431-8

»Das Gute liegt so nahe.«
MAIN-ECHO

© Rolf K. Wegst

Frankfurter Rundschau

Eine runde Sache: Mitarbeiter der Frankfurter Rundschau testeten die 75 schönsten Ausflugslokale im Rhein-Main-Gebiet und die erfahrenen Autoren des pmv haben die passenden Wanderungen und Radeltouren rund um die Einkehrziele ergänzt. Egal, ob Schloss-Café, Forsthaus, Gutshof oder Aussichtslokal: In Rheingau und Rheinhessen (Bd. 1), zwischen Taunus und dem Kinzigtal (Bd. 2) sowie zwischen Rhein, Main und Odenwald (Bd. 3) steht dem gelungenen Ausflug ins Grüne nichts mehr im Wege.

pmv

AUSFLÜGE MIT GENUSS
Wandern, Radeln, Einkehren

1: Rheingau – Rheinhessen
ISBN 978-3-89859-302-1

2: Taunus – Wetterau – Kinzigtal
ISBN 978-3-89859-303-8

3: Zwischen Rhein, Main und Odenwald
ISBN 978-3-89859-304-5

Je 14,95 €, 128 Seiten, zahlreiche Farbfotos, Piktogramme, Karten.